KB180261

SEASON 3
능력
향상

쉽게 배우고 생활에 바로 쓰는

엑셀 활용

(주)지아이에듀테크 저

iCox
Education by Sympathy

쉽게 배우고 생활에 바로 쓰는
엑셀 활용

초판 1쇄 인쇄 2020년 2월 1일
초판 1쇄 발행 2020년 2월 10일

지은이 ㈜지아이에듀테크
펴낸이 한준희
펴낸곳 ㈜아이콕스

기획/편집 아이콕스 기획팀
디자인 이지선
영업지원 김진아
영업 김남권, 조용훈

Education by Sympathy

주소 경기도 부천시 중동로 443번길 12, 1층(삼정동)
홈페이지 http://www.icoxpublish.com
이메일 icoxpub@naver.com
전화 032-674-5685
팩스 032-676-5685
등록 2015년 7월 9일 제 2017-000067호
ISBN 979-11-6426-109-3

※정가는 뒤표지에 있습니다.
※잘못된 책은 구입하신 서점에서 교환해드립니다.

30년째 컴퓨터를 교육면서도 늘 고민합니다. "더 간단하고 쉽게 교육할 수는 없을까? 더 빠르게 마음대로 사용하게 할 수는 없을까?" 스마트폰에 대한 지식이 없는 4살 먹은 어린아이가 스마트폰을 가지고 놀면서 스스로 사용법을 익히는 것을 보고 어른들은 감탄합니다.

그렇습니다. 컴퓨터는 학문적으로 접근하면 배우기 힘들기 때문에 아이들처럼 직접 사용해 보면서 경험적으로 습득하는 것이 가장 빠른 배움의 방식입니다. 본 도서는 저의 다년간 현장 교육의 경험을 살려 책만 보고 무작정 따라하다 발생할 수 있는 실수와 오류를 바로잡았습니다. 컴퓨터를 활용하는 데 꼭 필요한 핵심 내용을 중심으로 집필했기 때문에 예제를 반복해서 학습하다 보면 어느새 원리를 이해하고, 활용할 수 있는 단계에 오르게 될 것입니다. 쉽게 배우고 생활에 바로 쓸 수 있게 집필된 본 도서로 여러분들의 능력이 향상되기를 바랍니다. 물론 본 도서는 여러분의 컴퓨터 능력을 향상시킬 수 있는 수많은 방법 중 한 가지라는 말씀도 드리고 싶습니다.

교육 현장에서 늘 하는 말이 있습니다.
"컴퓨터는 종이다. 종이는 기록하기 위함이다."
"단순하게, 무식하게, 지겹도록, 단.무.지.반! 하십시오."
처음부터 완벽하지는 않겠지만 차근차근 익히다 보면 어느새 만족할 만한 수준의 사용자로 우뚝 서게 될 것입니다.

끝으로 이 책이 나올 수 있도록 도움을 주신 지아이에듀테크, ㈜아이콕스의 임직원 여러분들께 감사의 마음을 전합니다.

㈜지아이에듀테크

3

★ 각 CHAPTER 마다 동영상으로 더 쉽게 학습할 수 있도록 QR코드를 담았습니다. QR코드로 학습 동영상을 시청하는 방법은 다음과 같습니다.

1. Play스토어 네이버 앱을 ❶설치한 후 ❷열기를 누릅니다.

2. 네이버 앱이 실행되면 하단의 ❸동그라미 버튼을 누른 후 ❹렌즈 메뉴를 선택합니다

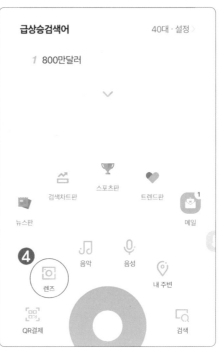

3. 본 도서에는 Chapter별로 상단 제목 오른쪽에 ❺QR코드가 있습니다. 스마트폰의 화면에 QR코드를 사각형 영역에 맞춰 보이도록 하면 QR코드가 인식되고, 상단에 동영상 강의 링크 주소가 나타납니다. ❻동영상 강의 링크 주소를 눌러 스마트폰으로 학습할 수 있습니다.

※ 유튜브(www.youtube.com)에 접속하거나, **유튜브** 앱을 사용하고 있다면 **지아이에듀테크**를 검색하여 동영상 강의를 들을 수 있습니다. **재생목록** 탭을 누르면 과목별로 강의를 찾아볼 수 있습니다.

★ 본 책의 예제를 실습해 보기 위한 준비 작업입니다. 다음의 방법으로 파일을 옮겨 놓은 후 학습을 시작하세요.

1. 인터넷 사이트의 검색 창에 '**아이콕스**'를 입력하고 '**검색**'을 클릭합니다.

2. 하단에 나오는 **도서출판 아이콕스**의 홈페이지 주소를 클릭합니다.

3. 아이콕스 홈페이지가 열리면 상단의 **'자료실'**에 마우스를 올려 놓고, 아래에 표시되는 하위 메뉴에서 **'도서부록소스'**를 클릭합니다.

4. 목록에서 **학습하고자 하는 책의 제목을 클릭**합니다. 상단에 있는 검색란에서 도서명을 검색해도 됩니다.

5. 실습 파일이 첨부되어 있는 것을 확인할 수 있습니다.

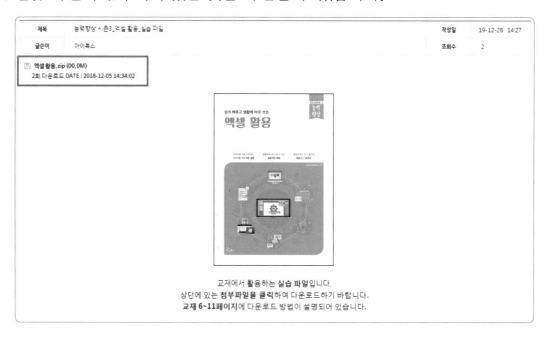

교재에서 **활용**하는 **실습 파일**입니다.
상단에 있는 **첨부파일을 클릭**하여 다운로드하기 바랍니다.
교재 **6~11페이지**에 다운로드 방법이 설명되어 있습니다.

6. 첨부된 실습 파일의 **파일명을 클릭**하면 하단에 **저장하기 바**가 나타납니다.

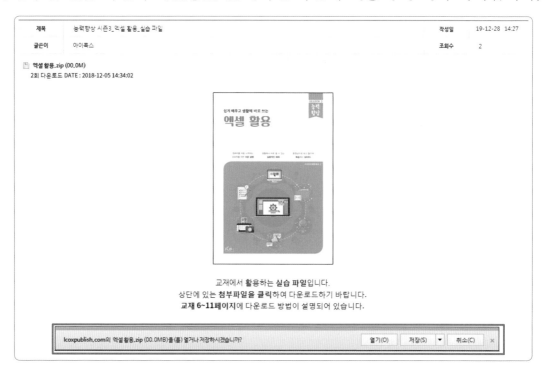

교재에서 **활용**하는 **실습 파일**입니다.
상단에 있는 **첨부파일을 클릭**하여 다운로드하기 바랍니다.
교재 **6~11페이지**에 다운로드 방법이 설명되어 있습니다.

7. 저장(S) 버튼의 우측에 있는 **삼각형 부분**을 클릭하고, '**다른 이름으로 저장(A)**'을 클릭합니다.

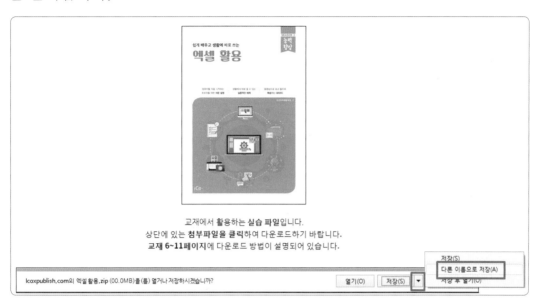

8. 다른 이름으로 저장 창이 표시되면 좌측의 '**로컬 디스크(C:)**'를 클릭한 후, 하단에 있는 '**저장**' 단추를 클릭하면 실습 파일이 저장됩니다.

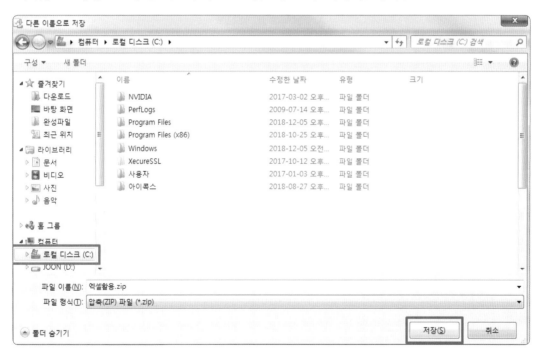

9. 다운로드가 완료되었다는 메시지가 나타나면 '**폴더 열기**' 단추를 클릭합니다.

10. 실습 파일을 저장한 경로의 폴더, 즉 '**로컬 디스크(C:)**'가 자동으로 열리고 다운로드한 파일을 확인할 수 있습니다.

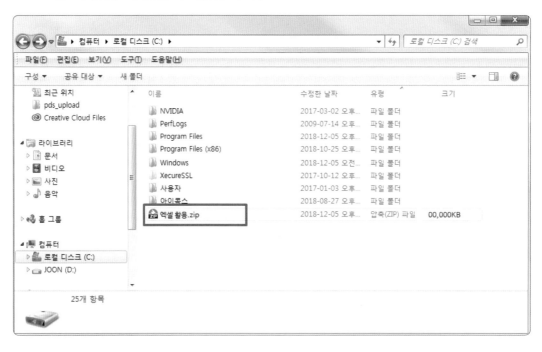

11. 실습 파일의 압축을 해제하기 위해, 다운로드한 파일을 **마우스 오른쪽 단추**로 클릭한 다음 '**엑셀활용₩에 풀기**'를 선택합니다. 컴퓨터에 설치된 압축 프로그램의 종류에 따라 다른 형태의 메뉴가 표시되기도 합니다.

12. 압축 해제가 완료되면 실습 파일명과 동일한 이름의 폴더가 생성됩니다.

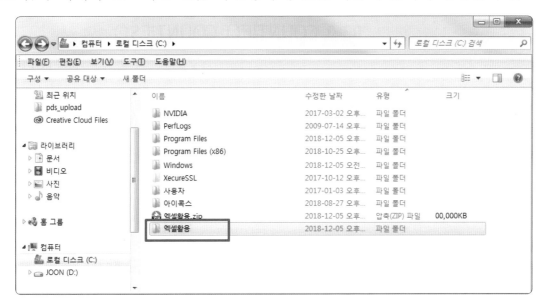

폴더 안에 예제에서 사용할 실습 파일들이 담겨져 있으므로, 본 책의 내용에 따라 필요할 때 사용할 수 있습니다.

CHAPTER

01 ▶ 날짜 함수 사용하기

1. TODAY( )와 NOW( )   2. YEAR( ), MONTH( ), DAY( )
3. DATE( ), DATEDIF( )

CHAPTER 01-1   **TODAY( )와 NOW( )**   ▶▶▶

🖰 오늘 날짜 표시하기

날짜/시간 함수는 특정일을 기준으로 경과된 날짜/시간/요일을 계산할 때 사용하며 수당,
급여, 퇴직금, 은행이율을 계산하는 업무 등에 사용하거나 간단하게 나의 나이를 구할 때
도 사용합니다.

01 **파일 – 열기**를 차례대로 클릭한 후 다운로드한 예제폴더(엑셀활용)로 이동하여
CHAPTER01.xlsx를 열기한 후 **[날짜시간]** 시트탭을 선택합니다. 자료 다운로드 방
법은 6쪽을 참고합니다.

02 [A1]셀에 오늘 날짜를 직접 입력합니다. 컴퓨터에서 날짜를 입력할 때는 **년-월-일** 형식으로 아래와 같이 입력합니다.

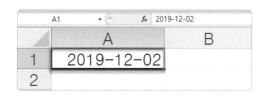

03 [A2]셀에 셀 포인터를 위치시킨 후 오늘 날짜를 쉽게 입력할 수 있는 단축키 Ctrl + ; 를 함께 눌러줍니다.

	A	B	C
1	2019-12-02	Ctrl+;을 동시에	
2	2019-12-02	누릅니다.	
3			
4			

04 [A3]셀에 셀 포인터가 있는 상태에서 이번에는 함수를 이용하여 오늘 날짜를 입력하는데 **=TODAY()**를 입력한 후 Enter 를 누릅니다.

COUNTIF   × ✓ *fx*   =TODAY()

	A	B	C
1	2019-12-02		
2	2019-12-02		
3	=TODAY()		
4			

05 [A4]셀에 셀 포인터가 있는 상태에서 =2019-12-02 즉, =을 입력한 후 오늘 날짜를 입력한 후 Enter 를 누릅니다. 아래의 결과와 같이 =을 입력한 후 날짜를 입력하면 뺄셈 연산이 이뤄지는 것을 확인할 수 있습니다.

A4   *fx*   =2019-12-2

	A	B	C
1	2019-12-02		
2	2019-12-02		
3	2019-12-02		
4	2005		
5			

🖱 현재 시간 표시하기

01 [B1]셀에 오늘 시간을 직접 입력하는데 시간을 입력할 때는 무조건 **시:분:초** 형식으로 입력합니다.

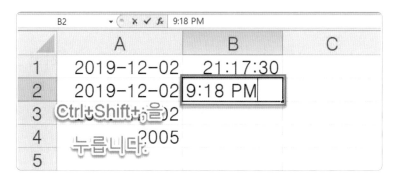

02 [B2]셀을 선택한 후 키보드의 Ctrl + Shift + ; 를 눌러서 현재 시간이 빠르게 입력되도록 합니다. 아래의 결과를 보듯 오전이면 AM, 오후이면 PM이 뒤에 붙어서 표시됩니다.

03 [B3]셀을 클릭한 다음 =NOW( )를 입력한 후 Enter 를 누릅니다.

● 셀 서식을 이용해 날짜표시하기

01 [C1]셀에 오늘 날짜를 **=TODAY()** 함수로 입력한 후 Ctrl + Enter 를 누릅니다.

02 [C1]셀에 마우스 오른쪽 단추를 눌러서 **[셀 서식]**을 선택합니다.

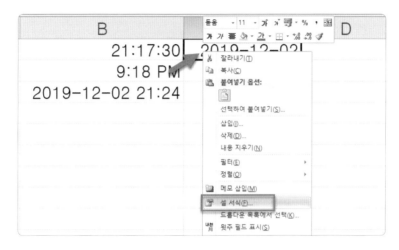

03 [표시 형식] 탭의 **[사용자 지정]**에서 형식을 YY.MM.DD로 지정합니다.

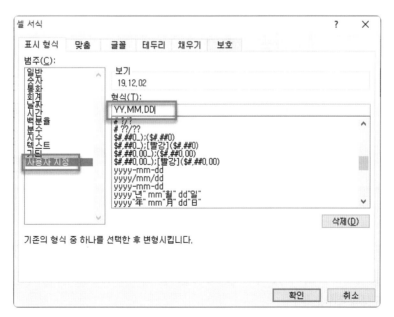

04 [C1]셀에서 [셀 서식]을 **MM.DD**로 지정해 보세요.

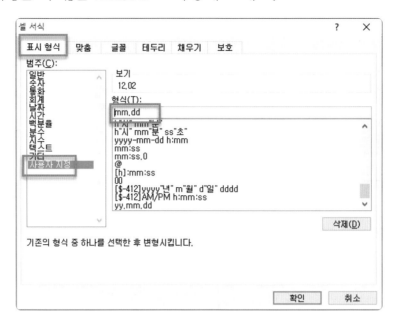

05 [C1]셀에서 [셀 서식]을 **YYYY년 M월 D일(AAAA)** 로 지정해 보세요. (AAA)로 A 를 3개 넣으면 짧은 요일이 됩니다.

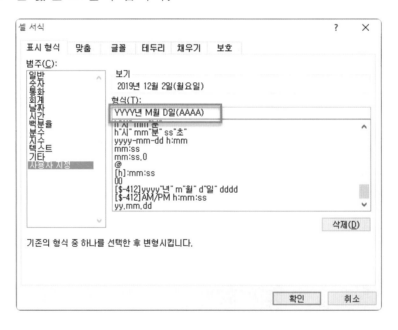

알고 넘어갑시다

날짜개념 : 1900년 1월 1일을 기준으로 9999년 12월 31일까지 1~2958465라는 고유 번호를 부여가 되어 있어서 숫자 1을 날짜 서식으로 지정하면 1900년 1월 1 일이 되는 것입니다.

시간개념 : 24시간을 1로 정해놓고 0과 1 사이의 소수점으로 표시합니다. 6시는 0.25, 12시는 0.5, 18시는 0.75가 됩니다.

	A	B	C	D	E	F	G
2							
3							
4	번호	이름	생일	년	월	일	휴대폰
5	1	강경아	1942-02-06	1942	02	06	010-6834-8608
6	2	강호승	1950-11-01	1950	11	01	018-9126-4325
7	3	남재우	1932-05-07	1932	05	07	011-1364-2727
8	4	노화영	1930-07-29	1930	07	29	010-9751-5368
9	5	문선호	1940-08-06	1940	08	06	016-3768-1710
10	6	배준서	1980-05-14	1980	05	14	011-5544-5705
11	7	백남원	1988-02-04	1988	02	04	016-6561-2663
12	8	백상호	1983-01-17	1983	01	17	017-3886-6617
13	9	변의영	1985-01-20	1985	01	20	017-2300-3981
14	10	서은실	1956-06-13	1956	06	13	017-2646-5233
15	11	서현실	1960-09-08	1960	09	08	011-6735-8488
16	12	양승준	1945-07-27	1945	07	27	017-6647-1643
17	13	양승현	1985-11-01	1985	11	01	011-2037-9762
18	14	이병균	1978-04-09	1978	04	09	018-4181-6085

날짜시간 / 년월일추출 / 년월일병합 / 나이구하기 / 렌트비

01 다운로드한 예제폴더(엑셀활용)에서 CHAPTER01.xlsx를 불러온 후 [년월일추출] 시트를 선택합니다.

02 [D5]셀을 클릭한 후 **=YEAR(C5)**를 입력한 후 Enter 를 누르거나 Tab 을 눌러서 [C5]셀에 입력된 '1942-02-06'에서 년도에 해당하는 '1942'를 [D5]에 추출합니다.

	A	B	C	D	E	F	G
2							
3							
4	번호	이름	생일	년	월	일	휴대폰
5	1	강경아	1942-02-06	=YEAR(C5)			010-6834-8608
6	2	강호승	1950-11-01				018-9126-4325
7	3	남재우	1932-05-07				011-1364-2727
8	4	노화영	1930-07-29				010-9751-5368
9	5	문선호	1940-08-06				016-3768-1710
10	6	배준서	1980-05-14				011-5544-5705
11	7	백남원	1988-02-04				016-6561-2663
12	8	백상호	1983-01-17				017-3886-6617
13	9	변의영	1985-01-20				017-2300-3981
14	10	서은실	1956-06-13				017-2646-5233
15	11	서현실	1960-09-08				011-6735-8488
16	12	양승준	1945-07-27				017-6647-1643

03 [E5]셀에 월에 해당하는 2를 추출하도록 **=MONTH(C5)**를 입력한 후 Enter 를 누릅니다.

	A	B	C	D	E	F	G
2							
3							
4	번호	이름	생일	년	월	일	휴대폰
5	1	강경아	1942-02-06	1942	=MONTH(C5)		010-6834-8608
6	2	강호승	1950-11-01				018-9126-4325
7	3	남재우	1932-05-07				011-1364-2727
8	4	노화영	1930-07-29				010-9751-5368
9	5	문선호	1940-08-06				016-3768-1710
10	6	배준서	1980-05-14				011-5544-5705
11	7	백남원	1988-02-04				016-6561-2663
12	8	백상호	1983-01-17				017-3886-6617
13	9	변의영	1985-01-20				017-2300-3981
14	10	서은실	1956-06-13				017-2646-5233
15	11	서현실	1960-09-08				011-6735-8488
16	12	양승준	1945-07-27				017-6647-1643

04 [F5]셀에 일에 해당하는 6을 추출하도록 **=DAY(C5)**를 입력한 후 Enter 를 누릅니다.

	A	B	C	D	E	F	G
2							
3							
4	번호	이름	생일	년	월	일	휴대폰
5	1	강경아	1942-02-06	1942	2	=DAY(C5)	010-6834-8608
6	2	강호승	1950-11-01				018-9126-4325
7	3	남재우	1932-05-07				011-1364-2727
8	4	노화영	1930-07-29				010-9751-5368
9	5	문선호	1940-08-06				016-3768-1710
10	6	배준서	1980-05-14				011-5544-5705
11	7	백남원	1988-02-04				016-6561-2663
12	8	백상호	1983-01-17				017-3886-6617
13	9	변의영	1985-01-20				017-2300-3981
14	10	서은실	1956-06-13				017-2646-5233
15	11	서현실	1960-09-08				011-6735-8488

05 년도와 월과 일을 추출했지만 월과 일이 두자리로 2가 아니라 02, 6이 아니라 06으로 표시가 되도록 [E5:F5]를 범위로 지정합니다.

	A	B	C	D	E	F	G
2							
3							
4	번호	이름	생일	년	월	일	휴대폰
5	1	강경아	1942-02-06	1942	2	6	010-6834-8608
6	2	강호승	1950-11-01				018-9126-4325
7	3	남재우	1932-05-07				011-1364-2727
8	4	노화영	1930-07-29				010-9751-5368
9	5	문선호	1940-08-06				016-3768-1710

06 범위를 지정한 곳에 마우스 오른쪽 단추를 클릭해서 [셀 서식]을 클릭합니다.

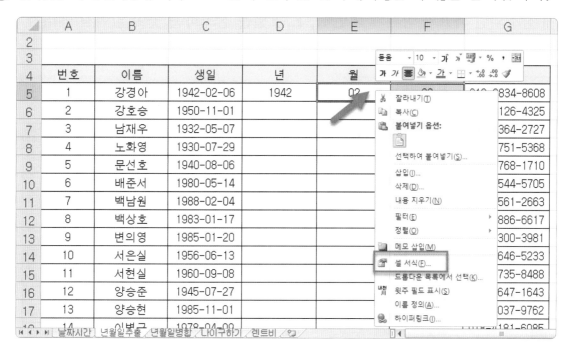

07 [표시형식] 탭의 [사용자 지정]에서 형식을 "00"으로 지정합니다.

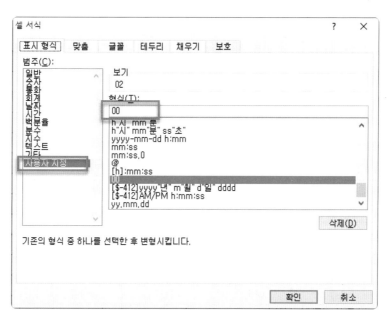

08 뽑아낸 D5:F5를 셀 범위로 지정한 후 자동채우기 포인터를 더블클릭으로 채우기 작업을 합니다.

	A	B	C	D	E	F	G
2							
3							
4	번호	이름	생일	년	월	일	휴대폰
5	1	강경아	1942-02-06	1942	02	06	010-6834-8608
6	2	강호승	1950-11-01				018-9126-4325
7	3	남재우	1932-05-07				011-1364-2727

09 생년월일이 입력된 C열에 마우스 오른쪽 단추를 클릭해서 **삭제**를 눌러줍니다. 이렇게 참조되던 좌표가 삭제가 되면 D, E, F열은 참조하는 곳이 없어져 에러가 발생합니다.

	A	B	C	D	E	F	G
2							
3							
4	번호	이름	생일		월	일	휴대폰
5	1	강경아	1942-02		02	06	010-6834-8608
6	2	강호승	1950-11		11	01	018-9126-4325
7	3	남재우	1932-05		05	07	011-1364-2727
8	4	노화영	1930-07		07	29	010-9751-5368
9	5	문선호	1940-08		08	06	016-3768-1710
10	6	배준서	1980-05		05	14	011-5544-5705
11	7	백남원	1988-02-04	1988	02	04	016-6561-2663
12	8	백상호	1983-01-17	1983	01	17	017-3886-6617
13	9	변의영	1985-01-20	1985	01	20	017-2300-3981
14	10	서은실	1956-06-13	1956	06	13	017-2646-5233
15	11	서현실	1960-09-08	1960	09	08	011-6735-8488
16	12	양승준	1945-07-27	1945	07	27	017-6647-1643
17	13	양승현	1985-11-01	1985	11	01	011-2037-9762
18	14	이병근	1978-04-09	1978	04	09	018-4181-6085

오른쪽 메뉴: 잘라내기(T), 복사(C), 붙여넣기 옵션:, 선택하여 붙여넣기(S)..., 삽입(I), 삭제(D), 내용 지우기(N), 셀 서식(F)..., 열 너비(C)..., 숨기기(H), 숨기기 취소(U)

시트탭: 날짜시간 / 년월일추출 / 년월일병합 / 나이구하기 / 렌트비

10 아래와 같이 참조에러가 발생하게 됩니다. Ctrl + Z 를 눌러서 되돌리기로 원상 복귀시킵니다.

	A	B	C	D	E	F
2						
3						
4	번호	이름	년	월	일	휴대폰
5	1	강경아	#REF!	#REF!	#REF!	010-6834-8608
6	2	강호승	#REF!	#REF!	#REF!	018-9126-4325
7	3	남재우	#REF!	#REF!	#REF!	011-1364-2727
8	4	노화영	#REF!	#REF!	#REF!	010-9751-5368
9	5	문선호	#REF!	#REF!	#REF!	016-3768-1710
10	6	배준서	#REF!	#REF!	#REF!	011-5544-5705
11	7	백남원	#REF!	#REF!	#REF!	016-6561-2663
12	8	백상호	#REF!	#REF!	#REF!	017-3886-6617
13	9	변의영	#REF!	#REF!	#REF!	017-2300-3981
14	10	서은실	#REF!	#REF!	#REF!	017-2646-5233
15	11	서현실	#REF!	#REF!	#REF!	011-6735-8488
16	12	양승준	#REF!	#REF!	#REF!	017-6647-1643
17	13	양승현	#REF!	#REF!	#REF!	011-2037-9762
18	14	이병근	#REF!	#REF!	#REF!	018-4181-6085

시트탭: 날짜시간 / 년월일추출 / 년월일병합 / 나이구하기 / 렌트비

11 **파일 – 저장**을 차례대로 클릭해서 작업한 내용을 저장합니다.

	A	B	C	D	E	F	G
1							
2							
3							
4	번호	이름	년	월	일	생년월일	휴대폰
5	1	강호승	1950	11	01	1950-11-01	018-9126-4325
6	2	양승현	1985	11	01	1985-11-01	011-2037-9762
7	3	최창원	1919	10	01	1919-10-01	018-4411-2913
8	4	장종문	1939	01	03	1939-01-03	017-7250-1515
9	5	최승훈	1953	04	03	1953-04-03	016-9167-5439
10	6	백남원	1988	02	04	1988-02-04	016-6561-2663
11	7	장주익	1961	07	05	1961-07-05	011-8531-3053
12	8	강경아	1942	02	06	1942-02-06	010-6834-8608
13	9	문선호	1940	08	06	1940-08-06	016-3768-1710
14	10	남재우	1932	05	07	1932-05-07	011-1364-2727
15	11	서현실	1960	09	08	1960-09-08	011-6735-8488
16	12	이병구	1978	04	09	1978-04-09	018-4181-6085
17	13	정영학	1932	05	09	1932-05-09	010-8692-4271
18	14	서은실	1956	06	13	1956-06-13	017-2646-5233
19	15	배종선	1980	05	14	1980-06-14	011-5544-5705

날짜시간 / 년월일추출 / 년월일병합 / 나이구하기 / 렌트비 /

🖱 DATE( )

01 다운로드한 예제폴더(엑셀활용)에서 CHAPTER01.xlsx를 불러온 후 **[년월일병합]** 시트를 선택합니다.

02 [F5]셀을 클릭한 후 **=DATE(C5,D5,E5)**를 입력한 후 Enter 를 누르면 날짜형식으로 변경됩니다.

	A	B	C	D	E	F	G
1							
2							
3							
4	번호	이름	년	월	일	생년월일	휴대폰
5	1	강호승	1950	11		=DATE(C5,D5,E5)	5
6	2	양승현	1985	11	01		011-2037-9762
7	3	최창원	1919	10	01		018-4411-2913
8	4	장종문	1939	01	03		017-7250-1515
9	5	최승훈	1953	04	03		016-9167-5439
10	6	백남원	1988	02	04		016-6561-2663
11	7	장주익	1961	07	05		011-8531-3053
12	8	강경아	1942	02	06		010-6834-8608
13	9	문선호	1940	08	06		016-3768-1710
14	10	남재우	1932	05	07		011-1364-2727

03 셀에 날짜로 표시되지 않고 18568이라는 숫자로 표시됩니다. [F5]셀이 선택된 상태에서 **홈 - 표시 형식** 그룹의 **일반**을 클릭한 후 **간단한 날짜**를 선택합니다.

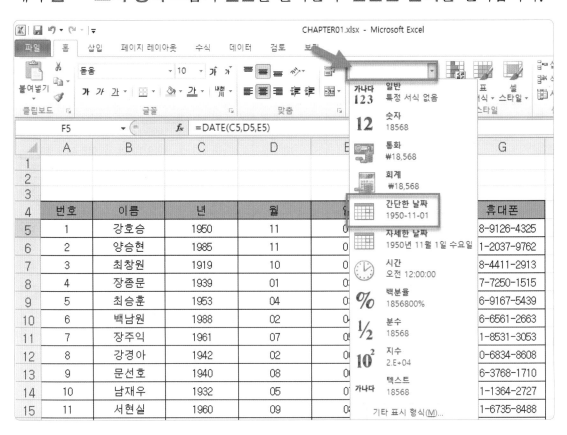

04 자동채우기 포인터에 마우스를 올린 후 + 상태에서 더블클릭을 해서 채우기를 합니다.

	A	B	C	D	E	F	G
1							
2							
3							
4	번호	이름	년	월	일	생년월일	휴대폰
5	1	강호승	1950	11	01	1950-11-01	018-9126-4325
6	2	양승현	1985	11	01	더블클릭	011-2037-9762
7	3	최창원	1919	10	01		018-4411-2913
8	4	장종문	1939	01	03		017-7250-1515
9	5	최승훈	1953	04	03		016-9167-5439
10	6	백남원	1988	02	04		016-6561-2663
11	7	장주익	1961	07	05		011-8531-3053
12	8	강경아	1942	02	06		010-6834-8608
13	9	문선호	1940	08	06		016-3768-1710
14	10	남재우	1932	05	07		011-1364-2727
15	11	서현실	1960	09	08		011-6735-8488
16	12	이병구	1978	04	09		018-4181-6085
17	13	정영학	1932	05	09		010-8692-4271
18	14	서은실	1956	06	13		017-2646-5233
19	15	배준성	1980	05	14		011-5544-5705

날짜시간 / 년월일추출 / 년월일병합 / 나이구하기 / 렌트비

🖱 DATEDIF( )

	A	B	C	D	E	F	G
1						오늘날짜	2019-12-03
2							
3	번호	이름	생년월일	나이			휴대폰
4				년	개월	일	
5	1	강호승	1950-11-01	69	1	2	018-9126-4325
6	2	양승현	1985-11-01	34	1	2	011-2037-9762
7	3	최창원	1919-10-01	100	2	2	018-4411-2913
8	4	장종문	1939-01-03	80	11	0	017-7250-1515
9	5	최승훈	1953-04-03	66	8	0	016-9167-5439
10	6	백남원	1988-02-04	31	9	29	016-6561-2663
11	7	장주익	1961-07-05	58	4	28	011-8531-3053
12	8	강경아	1942-02-06	77	9	27	010-6834-8608
13	9	문선호	1940-08-06	79	3	27	016-3768-1710
14	10	남재우	1932-05-07	87	6	26	011-1364-2727
15	11	서현실	1960-09-08	59	2	25	011-6735-8488
16	12	이병구	1978-04-09	41	7	24	018-4181-6085
17	13	정영한	1932-05-09	87	6	24	010-8692-4271

날짜시간 / 년월일추출 / 년월일병합 / 나이구하기 / 렌트비 /

01 CHAPTER01.xlsx를 불러온 후 [나이구하기] 시트를 선택합니다.

02 [G1]셀에 **=TODAY()**를 입력한 후 Enter 를 눌러서 오늘 날짜가 표시되도록 합니다.

	A	B	C	D	E	F	G
1						오늘날짜	=TODAY()
2							
3	번호	이름	생년월일	나이			휴대폰
4				년	개월	일	
5	1	강호승	1950-11-01				018-9126-4325
6	2	양승현	1985-11-01				011-2037-9762
7	3	최창원	1919-10-01				018-4411-2913
8	4	장종문	1939-01-03				017-7250-1515
9	5	최승훈	1953-04-03				016-9167-5439
10	6	백남원	1988-02-04				016-6561-2663
11	7	장주익	1961-07-05				011-8531-3053
12	8	강경아	1942-02-06				010-6834-8608
13	9	문선호	1940-08-06				016-3768-1710
14	10	남재우	1932-05-07				011-1364-2727
15	11	서현실	1960-09-08				011-6735-8488
16	12	이병구	1978-04-09				018-4181-6085
17	13	정영한	1932-05-09				010-8692-4271

날짜시간 / 년월일추출 / 년월일병합 / 나이구하기 / 렌트비 /

오늘 날짜를 단축키로 입력하는 Ctrl + ; 도 있지만 파일을 불러올 때마다 자동으로 생일이 계산되도록 하기 위해 =TODAY( ) 함수를 사용하는 것이 옳으며 해당날짜가 변경되면 안될 경우에만 Ctrl + ; 를 사용합니다.

03 [D5]셀에 생년월일에서 오늘까지 몇년이 흘렀는지 파악하는 함수인 DATEDIF( ) 함수를 사용합니다. =DATEDIF(과거날짜,현재날짜,방식)으로 지켜야 합니다. 여기서 과거날짜는 현재날짜보다 작은 날짜만 되는 것입니다. =DATEDIF(C5,G1,"Y")를 입력한 후 Enter 를 누르면 몇년을 살았는지 구해집니다.

	A	B	C	D	E	F	G
1						오늘날짜	2019-12-03
2							
3	번호	이름	생년월일	나이			휴대폰
4				년	개월	일	
5	1	강호승		=DATEDIF(C5,G1,"Y")			018-9126-4325
6	2	양승현	1985-11-01				011-2037-9762
7	3	최창원	1919-10-01				018-4411-2913
8	4	장종문	1939-01-03				017-7250-1515
9	5	최승훈	1953-04-03				016-9167-5439
10	6	백남원	1988-02-04				016-6561-2663
11	7	장주익	1961-07-05				011-8531-3053
12	8	강경아	1942-02-06				010-6834-8608
13	9	문선호	1940-08-06				016-3768-1710
14	10	남재우	1932-05-07				011-1364-2727
15	11	서현실	1960-09-08				011-6735-8488
16	12	이병구	1978-04-09				018-4181-6085
17	13	정영학	1932-05-09				010-8692-4271

04 몇 년을 살았는지는 구했지만 두 번째 사람의 년도를 구하기 위해 자동 채우기를 하면 =DATEDIF(C6,**G2**,"Y")로 상대적으로 변경되기 때문에 여기서는 오늘날짜인 [G1]셀은 절대 변경되면 안되는 절대참조를 사용해야 합니다. [D5]셀을 **=DATEDIF(C5,$G$1,"Y")로** 수정합니다.

	A	B	C	D	E	F	G
1						오늘날짜	2019-12-03
2							
3	번호	이름	생년월일	나이			휴대폰
4				년	개월	일	
5	1	강호승		=DATEDIF(C5,$G$1,"Y")			018-9126-4325
6	2	양승현	1985-11-01				011-2037-9762
7	3	최창원	1919-10-01				018-4411-2913
8	4	장종문	1939-01-03				017-7250-1515
9	5	최승훈	1953-04-03				016-9167-5439
10	6	백남원	1988-02-04				016-6561-2663
11	7	장주익	1961-07-05				011-8531-3053
12	8	강경아	1942-02-06				010-6834-8608
13	9	문선호	1940-08-06				016-3768-1710
14	10	남재우	1932-05-07				011-1364-2727
15	11	서현실	1960-09-08				011-6735-8488
16	12	이병구	1978-04-09				018-4181-6085
17	13	정영학	1932-05-09				010-8692-4271

G1을 블록설정한 후 키보드 F4를 누릅니다.

05 =DATEDIF(생년월일,오늘날짜,방식)에서 방식에 "M"을 넣게 되면 전체 개월 수를 구하게 되지만 "YM"을 입력하면 년도를 뺀 12개월 중에서 몇 개월을 살았는지 구하게 됩니다. [E5]셀에 **=DATEDIF(C5,$G$1,"YM")**을 입력한 후 Enter 를 누릅니다.

	A	B	C	D	E	F	G
1						오늘날짜	2019-12-03
2							
3	번호	이름	생년월일	나이			휴대폰
4				년	개월	일	
5	1	강호승	1950-11-01		=DATEDIF(C5,$G$1,"YM")		018-9126-4325
6	2	양승현	1985-11-01				011-2037-9762
7	3	최창원	1919-10-01				018-4411-2913
8	4	장종문	1939-01-03				017-7250-1515
9	5	최승훈	1953-04-03				016-9167-5439
10	6	백남원	1988-02-04				016-6561-2663
11	7	장주익	1961-07-05				011-8531-3053
12	8	강경아	1942-02-06				010-6834-8608
13	9	문선호	1940-08-06				016-3768-1710
14	10	남재우	1932-05-07				011-1364-2727
15	11	서현실	1960-09-08				011-6735-8488
16	12	이병구	1978-04-09				018-4181-6085
17	13	정영환	1932-05-09				010-8692-4271

날짜시간 / 년월일추출 / 년월일병합 / 나이구하기 / 렌트비 /

06 [F5]셀에 **=DATEDIF(C5,$G$1,"MD")**를 입력한 후 Enter 를 눌러서 날짜도 구해봅니다. =DATEDIF(C5,$G$1,"D")를 입력하면 살아온 날짜수를 계산해서 표시가 됩니다.

	A	B	C	D	E	F	G
1						오늘날짜	2019-12-03
2							
3	번호	이름	생년월일	나이			휴대폰
4				년	개월	일	
5	1	강호승	1950-11-01	69		=DATEDIF(C5,$G$1,"MD")	25
6	2	양승현	1985-11-01				011-2037-9762
7	3	최창원	1919-10-01				018-4411-2913
8	4	장종문	1939-01-03				017-7250-1515
9	5	최승훈	1953-04-03				016-9167-5439
10	6	백남원	1988-02-04				016-6561-2663
11	7	장주익	1961-07-05				011-8531-3053
12	8	강경아	1942-02-06				010-6834-8608
13	9	문선호	1940-08-06				016-3768-1710
14	10	남재우	1932-05-07				011-1364-2727
15	11	서현실	1960-09-08				011-6735-8488
16	12	이병구	1978-04-09				018-4181-6085
17	13	정영환	1932-05-09				010-8692-4271

날짜시간 / 년월일추출 / 년월일병합 / 나이구하기 / 렌트비 /

07 구해진 [D5:F5]를 범위로 지정한 후 자동채우기 포인터를 더블클릭해서 나머지 레코드도 채우기합니다.

	A	B	C	D	E	F	G
1						오늘날짜	2019-12-03
2							
3	번호	이름	생년월일	나이			휴대폰
4				년	개월	일	
5	1	강호승	1950-11-01	69	1	2	018-9126-4325
6	2	양승현	1985-11-01				011-2037-9762
7	3	최창원	1919-10-01				1-2913
8	4	장종문	1939-01-03				017-7250-1515
9	5	최승훈	1953-04-03				016-9167-5439
10	6	백남원	1988-02-04				016-6561-2663
11	7	장주익	1961-07-05				011-8531-3053
12	8	강경아	1942-02-06				010-6834-8608
13	9	문선호	1940-08-06				016-3768-1710
14	10	남재우	1932-05-07				011-1364-2727
15	11	서현실	1960-09-08				011-6735-8488
16	12	이병구	1978-04-09				018-4181-6085
17	13	정영환	1932-05-09				010-8692-4271

날짜시간 / 년월일추출 / 년월일병합 / 나이구하기 / 렌트비

알고 넘어갑시다

날짜를 엑셀이 원하는 형식으로 입력하지 않고 1964.09.12 와 같은 방식으로 입력하게 될 경우 날짜로 인식되지 않아 날짜함수가 에러날 수 있는 경우가 많습니다. 반드시 날짜를 입력할 경우에는 YYYY-MM-DD 형식을 지켜줍니다.

CHAPTER 02-1 IF( )와 중첩 IF( ) ▶▶▶

🖱 IF( ) 함수로 지원 가능 대학 알아보기

총점으로 지원이 가능여부를 표시하기 O, X로 표시하는데, 220점 이상이면 지원할 수 있다고 O를 표시하고 그렇지 않으면 X를 표시합니다.

01 다운로드한 예제폴더(엑셀활용)에서 **CHAPTER02.xlsx**를 불러온 후 **[지원대학]** 시트를 선택합니다.

02 O4셀에 O또는 X가 들어갈 수 있도록 조건함수를 사용해야 합니다.
=IF(N4>=220,"O","X")를 입력한 후 자동채우기를 합니다.

	I	J	K	L	M	N	O	P
2								
3	세계사	물리1	지구과학1	공업	일어	총점	지원여부	가능지역
4	39	25	27	38	31	=IF(N4>=220,"O","X")		
5	14	15	13	32	27	195		
6	40	38	24	39	28	305		
7	40	21	24	27	32	274		
8	28	20	34	38	32	254		
9	39	25	30	34	39	304		
10	40	21	34	29	37	312		
11	30	14	21	34	31	201		
12	31	22	20	29	33	243		

03 O4셀의 자동채우기 포인터를 더블클릭하거나 O13셀까지 드래그를 해서 자동채우기를 합니다.

🖱 다중 IF( ) 사용하기

지원 가능한 학생 중 서울권, 수도권, 지방권으로 점수에 따라 분류해서 표시되도록 작업하며 지원이 불가능한 학생은 표시하지 않습니다.

다중 IF( )는 단순하게 괄호안에 IF( ) 함수가 들어가 있는 경우로 IF(조건,IF( ),IF( ))를 보면 조건이 맞으면 IF( ) 함수로 다시 조건을 적용하는 함수입니다. 어려운 함수로 보이지만 IF( ) 함수를 겹쳐서 사용할 뿐입니다.

01 O4셀이 'O' 이면 서울권, 수도권, 지방권으로 분류해서 글자가 나오도록 하며 'O'가 아니면 빈공백이 나오도록 합니다.(여기서 O는 대문자 O입니다)

> =IF(O4="O",여기에 IF가 다시 나옴,"")

02 앞의 수식을 다시 수정하면 아래와 같습니다. 총점인 N4셀의 값이 300이상이면 "서울권"으로 300미만이지만 250이상이면 "수도권"으로 250미만은 "지방권"이 표시되도록 합니다.
=IF(O4="O",IF(N4>=300,"서울권",IF(N4>=250,"수도권","지방권")),"")

	J	K	L	M	N	O	P	Q
				P4	fx	=IF(O4="O",IF(N4>=300,"서울권",IF(N4>=250,"수도권","지방권")),"")		
2								
3	물리1	지구과학1	공업	일어	총점	지원여부	가능지역	
4	25	27	38	31	278	O	수도권	
5	15	13	32	27	195	X		
6	38	24	39	28	305	O	서울권	
7	21	24	27	32	274	O	수도권	
8	20	34	38	32	254	O	수도권	
9	25	30	34	39	304	O	서울권	
10	21	34	29	37	312	O	서울권	
11	14	21	34	31	201	X		
12	22	20	29	33	243	O	지방권	
13	37	35	20	27	280	O	수도권	
14								

🖱 RANK( ) 함수로 순위 구하기

[시세표] 시트를 선택한 후 '국제디와이'의 거래량인 F4셀이 F4:F13까지에서 몇 위에 해당하는지 랭킹을 구해보도록 하겠습니다.(**녹십자셀인 F5도 F4:F13에서의 랭킹, F6도 F4:F13에서의 랭킹을 구하는 것**)

	A	B	C	D	E	F	G	H	I	J	K	L
1							오늘의 증권 시세					
2												
3		종목명	현재가	전일비	등락율	거래량	거래대금	시가	고가	저가	거래량 상위	비고
4		국제디와이	139	12	-7.95%	16,971,424	2,403	149	151	133	3	
5		녹십자셀	2,850	250	-8.06%	10,415,176	30,876	3,110	3,240	2,795	6	
6		빅텍	2,725	255	10.32%	18,264,349	47,815	2,720	2,730	2,465	2	
7		삼우이엠씨	12	6	-33.33%	10,744,823	144	17	19	11	5	
8		스페코	6,070	790	14.96%	13,716,837	78,800	5,740	6,070	5,430	4	
9		오공	1,925	265	-12.10%	7,448,941	15,449	2,200	2,290	1,925	8	
10		이지바이오	4,325	125	2.98%	6,725,448	28,857	4,150	4,395	4,080	9	
11		이화전기	580	12	2.11%	51,054,341	30,498	540	640	531	1	
12		케이엠	4,030	525	14.98%	6,619,896	25,100	3,890	4,030	3,500	10	
13		파루	5,800	260	-4.29%	7,756,518	44,851	6,260	`6,430	5,190	7	
14												

01 [K4]셀에 거래량이 많은 것을 1위로 하기 위해 =RANK(F4,$F$4:$F$13,0)을 입력합니다. =RANK(F4, 까지 입력한 후 F4:F13까지 범위를 지정한 후 F4 를 눌러서 **절대참조**로 변경해야 합니다. 거래량이 작은 것을 1위로 하기 위해서는 0(FALSE) 대신 1(TRUE)을 입력합니다.

F	G	H	I	J	K	L
오늘의 증권 시세						
거래량	거래대금	시가	고가	저가	거래량 상위	비고
16,971,424	2,403	149	151	133	=RANK(F4, $F$4:$F$13, 0)	
10,415,176	30,876	3,110	3,240	2,795		
18,264,349	47,815	2,720	2,730	2,465		
10,744,823	144	17	19	11	5	
13,716,837	78,800	5,740	6,070	5,430	4	
7,448,941	15,449	2,200	2,290	1,925	8	

02 나머지 종목명의 거래량 상위를 구하기 위해 **F4**셀의 자동채우기 포인터를 이용해서 채워줍니다.

03 E4셀의 등락율이 0보다 크면 "상승"이라고 표시하고 0보다 작은 음수이면 "하락"을 표시하도록 작업합니다. **L4**셀에 **=IF(E4>0,"상승","하락")**을 입력합니다.

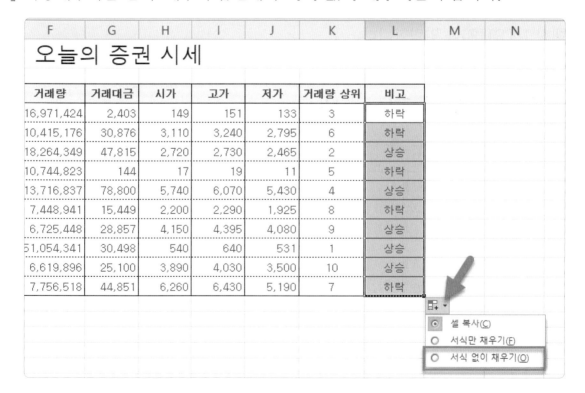

04 자동채우기를 한 후 채우기 옵션에서 **서식 없이 채우기**를 누릅니다.

연습하기

01 [조건연습] 시트에서 IF 함수 중첩을 이용해 합계가 30,000 이상이면 "**최우수**"로 20,000 이상이면 "**우수**"로 나머지는 "**보통**"으로 표시해보세요.

	F5			fx	=IF(E5>=30000,"최우수",IF(E5>=20000,"우수","보통"))			
	A	B	C	D	E	F	G	H
1								
2			기아자동차 2020 지점별 판매현황					
3								
4		지점	상반기	하반기	합계	평가		
5		강남	23,570	19,320	42,890	최우수		
6		강북	11,100	26,660	37,760	최우수		
7		도봉	18,810	7,370	26,180	우수		
8		노원	5,850	24,750	30,600	최우수		
9		양천	5,270	16,200	21,470	우수		
10		마포	22,840	22,540	45,380	최우수		
11		서초	5,500	11,310	16,810	보통		
12		강동	11,180	13,160	24,340	우수		
13		은평	11,690	8,200	19,890	보통		
14		강서	21,150	25,570	46,720	최우수		
15								

02 [성적평가] 시트의 [I5]셀에 90이상은 '수', 80이상은 '우', 70이상은 '미', 60이상은 '양', 나머지는 '가'로 표시가 되도록 IF( ) 함수로 만들어 보세요.

	I5			fx	=IF(H5>=90,"수",IF(H5>=80,"우",IF(H5>=70,"미",IF(H5>=60,"양","가"))))				
	A	B	C	D	E	F	G	H	I	J
3										
4		반	성명	국어	영어	수학	과학	평균	평가	
5		1	박진영	86	88	94	67	84	우	
6		3	김민석	89	96	74	77	84	우	
7		4	장윤정	82	76	80	60	75	미	
8		2	이수만	85	91	93	95	91	수	
9		3	윤민수	74	80	89	73	79	미	
10		1	박진영	90	87	80	80	84	우	
11		4	김민석	64	69	75	96	76	미	
12		2	장윤정	85	89	70	66	78	미	
13		3	이수만	72	98	69	84	81	우	
14		1	윤민수	77	83	65	92	79	미	
15										

🖱 MOD( ) 함수

어떤 숫자를 2로 나누면 0과 1이 나머지가 됩니다. 0이면 짝수, 1이면 홀수가 됩니다. 3으로 나누면 0, 1, 2가 나머지가 되겠죠? 0이면 3의 배수가 됩니다.

01 [반배정] 시트를 선택한 후 '수험번호'가 홀수이면 "1강의실", 짝수이면 "2강의실"에 자리를 배정하도록 작업해 보세요.
=IF(MOD(숫자,2)=1,"1강의실","2강의실")

	A	B	C	D	E	F
	COUNTIF	▼ (X ✔ fx	=IF(MOD(A4,2)=1,"1강의실","2강의실")			
1		**직원정보화시험 배정**				
2						
3	수험번호	성명	층수	성별	교실	
4	2015239	김민의		=IF(MOD(A4,2)=1,"1강의실","2강의실")		
5	2011449	김홍			1강의실	
6	2015316	백남진			2강의실	
7	2014223	이강보			1강의실	
8	2013219	임태식			1강의실	
9	2015334	최종혁			2강의실	
10	2012222	김성수			2강의실	
11	2015223	류승상			1강의실	
12	2010415	서현실			1강의실	

02 수험번호를 5로 나눈 나머지가 1이면 1층, 2이면 2층, 3이면 3층, 4이면 4층, 0이면 5층이 되도록 작업해 주세요.

	A	B	C	D	E
1	✛	**직원정보화시험 배정**			
2					
3	수험번호	성명	층수	성별	교실
4	2015239	김민의	4층		
5	2011449	김홍	4층		
6	2015316	백남진	1층		
7	2014223	이강보	3층		
8	2013219	임태식	4층		
9	2015334	최종혁	4층		
10	2012222	김성수	2층		
11	2015223	류승상	3층		
12	2010415	서현실	5층		

1. COUNT( )
3. COUNTBLANK( )

2. COUNTA( )
4. COUNTIF( ), COUNTIFS( )

CHAPTER 03-1   COUNT( )와 COUNTA( ) ▶▶▶

🖱 COUNT( )

01 아래의 내용을 입력한 후 서식을 이용해서 테두리와 셀 배경도 아래와 동일하게 작업해서 바탕화면에 파일이름은 **chapter03.xlsx**로 저장합니다.

	A	B	C	D	E	F	G	H
1								
2				부자네 청과물 입고관리				
3								
4			사과	바나나	배	오렌지	포도	
5		2020-03-01	5	4	6	5	1	
6		2020-04-01	3	x	3	4	2	
7		2020-05-01	x	3	2	5	3	
8		2020-06-01	2	3	2	3	5	
9		2020-07-01	4	4	4	5	2	
10		2020-08-01	3	5	x	3	3	
11								
12			입고회수					
13		사과						
14		바나나						
15		배						
16		오렌지						
17		포도						

02 C13셀에 사과의 입고회수를 구하려면 C13셀을 클릭한 후 **=COUNT(C5:C10)**을 입력한 후 Enter 를 누르면 '5'라는 숫자가 구해집니다.

	사과	바나나	배	오렌지	포도
4	사과	바나나	배	오렌지	포도
5	5	4	6	5	1
6	3	x	3	4	2
7	x	3	2	5	3
8	2	3	2	3	5
9	4	4	4	5	2
10	3	5	x	3	3

(행 5: 2020-03-01, 행 6: 2020-04-01, 행 7: 2020-05-01, 행 8: 2020-06-01, 행 9: 2020-07-01, 행 10: 2020-08-01)

12		입고회수
13		=count(C5:C10)
14	바나나	
15	배	
16	오렌지	
17	포도	

03 바나나의 입고회수를 구하기 위해 C14셀에 =COUNT(D5:D10)을 입력한 후 Enter 를 누르면 역시 '5'가 표시됩니다.

	A	B	C	D	E	F	G	H
1								
2				부자네 청과물 입고관리				
3								
4			사과	바나나	배	오렌지	포도	
5		2020-03-01	5	4	6	5	1	
6		2020-04-01	3	x	3	4	2	
7		2020-05-01	x	3	2	5	3	
8		2020-06-01	2	3	2	3	5	
9		2020-07-01	4	4	4	5	2	
10		2020-08-01	3	5	x	3	3	
11								
12			입고회수					
13		사과	5					
14			=COUNT(D5:D10)					
15		배						
16		오렌지						
17		포도						

04 나머지 항목인 배, 오렌지, 포도의 입고회수를 구해서 표시하세요.

	A	B	C	D	E	F	G	H
1								
2				부자네 청과물 입고관리				
3								
4			사과	바나나	배	오렌지	포도	
5		2020-03-01	5	4	6	5	1	
6		2020-04-01	3	x	3	4	2	
7		2020-05-01	x	3	2	5	3	
8		2020-06-01	2	3	2	3	5	
9		2020-07-01	4	4	4	5	2	
10		2020-08-01	3	5	x	3	3	
11								
12			입고회수					
13		사과	5					
14		바나나	6					
15		배	5					
16		오렌지	6					
17		포도	6					
18								

■ 알고 넘어가기

COUNT( ) 함수는 특정 범위에 숫자가 몇 개 입력되어 있는지 파악하는 함수로 위의 예를 들자면 입고가 없다고 X 대신 0을 입력하면 사과의 경우 6으로 변경되는데, 그 이유는 0도 숫자이기 때문입니다.

🖱 COUNTA( )

COUNTA( ) 함수는 특정 범위에 숫자, 문자 등을 가리지 않고 내용이 있는 셀은 모두 개수를 포함합니다.

01 [C13:C17]에 구해진 내용을 범위를 지정한 후 Delete 를 눌러 내용을 지워줍니다.

	부자네 청과물 입고관리					
		사과	바나나	배	오렌지	포도
2020-03-01		5	4	6	5	1
2020-04-01		3	x	3	4	2
2020-05-01		x	3	2	5	3
2020-06-01		2	3	2	3	5
2020-07-01		4	4	4	5	2
2020-08-01		3	5	x	3	3

	입고회수
사과	5
바나나	6
배	5
오렌지	6
포도	6

Delete를 눌러서 지웁니다.

02 [C13]셀에 =COUNTA(C5:C10)을 입력한 후 Enter 를 누르면 '6'이 표시가 됩니다.

	부자네 청과물 입고관리					
		사과	바나나	배	오렌지	포도
2020-03-01		5	4	6	5	1
2020-04-01		3	x	3	4	2
2020-05-01		x	3	2	5	3
2020-06-01		2	3	2	3	5
2020-07-01		4	4	4	5	2
2020-08-01		3	5	x	3	3

	입고회수
	=counta(C5:C10)
바나나	
배	
오렌지	
포도	

03 COUNT( )와 COUNTA( )의 차이점이 확인되었나요? 그렇다면 [C7]셀에 있는 'x'를 Delete 로 지워봅니다. 결과가 어떻게 나오는지 확인하십시오.

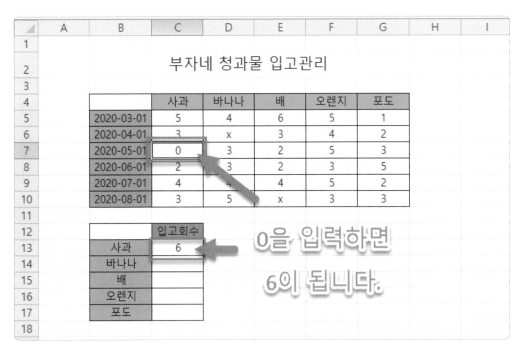

부자네 청과물 입고관리

	사과	바나나	배	오렌지	포도
2020-03-01	5	4	6	5	1
2020-04-01	3	x	3	4	2
2020-05-01		3	2	5	3
2020-06-01	2	3	2	3	5
2020-07-01	4	4	4	5	2
2020-08-01	3	5	x	3	3

	입고회수
사과	5
바나나	
배	
오렌지	
포도	

지우면 5가 나옵니다.

04 C7셀에 0을 입력하면 결과가 어떻게 나오는지 확인합니다.

부자네 청과물 입고관리

	사과	바나나	배	오렌지	포도
2020-03-01	5	4	6	5	1
2020-04-01	3	x	3	4	2
2020-05-01	0	3	2	5	3
2020-06-01	2	3	2	3	5
2020-07-01	4	4	4	5	2
2020-08-01	3	5	x	3	3

	입고회수
사과	6
바나나	
배	
오렌지	
포도	

0을 입력하면 6이 됩니다.

■ 알고 넘어가기

COUNTA( ) 함수는 특정 범위에 내용이 있는 셀이 몇 개인지 파악하는 함수로 사용합니다.

위에서 작업한 결과에 'x'를 지우면 비어 있는 셀이라 COUNT( ) 함수나 COUNTA( )를 사용해도 '5'의 결과값이 나오게 됩니다. 비어있는 셀이 몇 개인지 알아내는 함수가 COUNTBLANK( )입니다. **'x'가 입력된 C7, D6, E10셀을** Delete **로 내용을 지웁니다.**

01 C13셀에 클릭한 후 =COUNTBLANK(C5:C10)을 입력한 후 Enter 를 누르면 '1'이라는 숫자가 표시됩니다.

	A	B	C	D	E	F	G	H
1								
2			부자네 청과물 입고관리					
3								
4			사과	바나나	배	오렌지	포도	
5		2020-03-01	5	4	6	5	1	
6		2020-04-01	3		3	4	2	
7		2020-05-01		3	2	5	3	
8		2020-06-01	2	3	2	3	5	
9		2020-07-01	4	4	4	5	2	
10		2020-08-01	3	5		3	3	
11								
12			입고회수					
13			=COUNTBLANK(C5:C10)					
14		바나나						
15		배						
16		오렌지						
17		포도						
18								

02 나머지 바나나, 배, 오렌지, 포도를 COUNTBLANK( ) 함수로 비어있는 셀이 몇 개인지 표시해 주세요.

			사과	바나나	배	오렌지	포도
4			사과	바나나	배	오렌지	포도
5		2020-03-01	5	4	6	5	1
6		2020-04-01	3		3	4	2
7		2020-05-01		3	2	5	3
8		2020-06-01	2	3	2	3	5
9		2020-07-01	4	4	4	5	2
10		2020-08-01	3	5		3	3
11							
12			입고회수				
13		사과	1				
14		바나나	1				
15		배	1				
16		오렌지	0				
17		포도	0				
18							

03 오렌지와 포도에는 빈 셀이 없으므로 0이라고 계산해서 나타났습니다. 오렌지와 포도에서 빈 셀을 아래 처럼 Delete 를 눌러서 지워주면 개수가 다르게 나오는 것을 확인합니다.

부자네 청과물 입고관리

	사과	바나나	배	오렌지	포도
2020-03-01	5	4	6	5	
2020-04-01	3		3	4	2
2020-05-01		3	2		3
2020-06-01	2	3	2	3	
2020-07-01	4	4	4		2
2020-08-01	3	5		3	

	입고회수
사과	1
바나나	1
배	1
오렌지	2
포도	3

■ 알고 넘어가기

COUNTA( )와 COUNTBLANK( )를 합치게 되면 전체 개수가 됩니다.
=COUNTA(범위)+COUNTBLANK(범위)를 이용하면 전체 개수가 나타나게 됩니다.

🖱 조건에 맞는 개수 COUNTIF( )

청과물 입고관리에서 5개 이상 입고된 적이 몇 번인지 확인하려합니다. 조건이 적용된 카운트함수인 COUNTIF( )를 사용할 것이며 E12:F13셀에 아래의 내용을 입력하기 바랍니다.

	A	B	C	D	E	F	G	H
1								
2			부자네 청과물 입고관리					
3								
4			사과	바나나	배	오렌지	포도	
5		2020-03-01	5	4	6	5	1	
6		2020-04-01	3		3	4	2	
7		2020-05-01		3	2	5	3	
8		2020-06-01	2	3	2	3	5	
9		2020-07-01	4	4	4	5	2	
10		2020-08-01	3	5		3	3	
11								
12			입고회수		입고수량	입고개수		
13		사과	1		5			
14		바나나	1					
15		배	1					
16		오렌지	0					
17		포도	0					
18								

01 C5:G10범위에서 E13셀의 입고수량이 5개인 건수를 세기 위해 F13셀에 =COUNTIF(C5:G10,"=5")를 입력한 후 Enter 를 누르면 6건이라 표시됩니다.

	A	B	C	D	E	F	G	H
1								
2			부자네 청과물 입고관리					
3								
4			사과	바나나	배	오렌지	포도	
5		2020-03-01	5	4	6	5	1	
6		2020-04-01	3		3	4	2	
7		2020-05-01		3	2	5	3	
8		2020-06-01	2	3	2	3	5	
9		2020-07-01	4	4	4	5	2	
10		2020-08-01	3	5		3	3	
11								
12			입고회수		입고수량	입고개수		
13		사과	1		=countif(C5:G10,"=5")			
14		바나나	1					
15		배	1					
16		오렌지	0					
17		포도	0					

02 만약 입고수량이 3인 것이 몇 건인지 파악하려면 [F13]셀을 아래와 같이 수정합니다.
=COUNTIF(C5:G10,"=3")

	입고회수		입고수량	인고개수
사과	1			=COUNTIF(C5:G10,"=3")
바나나	1			
배	1			
오렌지	0			
포도	0			

03 입고수량이 입력된 E13셀을 이용하면 셀에 값만 입력하면 자동으로 개수를 구해주므로 편리하므로 아래와 같이 F13셀을 수정합니다.
=COUNTIF(C5:G10,E13)

	입고회수		입고수량	인고개수
사과	1			=COUNTIF(C5:G10,E13)
바나나	1			
배	1			
오렌지	0			
포도	0			

04 위의 수식을 다음과 같이 표시해도 동일한 결과를 얻을 수 있습니다. 변경해서 작업해 봅니다.
=COUNTIF(C5:G10,"="&E13)

	입고회수		입고수량	인고개수
사과	1			=COUNTIF(C5:G10,"="&E13)
바나나	1			
배	1			
오렌지	0			
포도	0			

05 [E13]셀에 5가 입력되어 있으면 **5개 이상인 건수**를 확인하고자 합니다. 아래와 같이 [F13]셀에 수식을 입력합니다.

=COUNTIF(C5:G10,">="&E13)

| | COUNTIF | ▼ | × ✓ fx | =COUNTIF(C5:G10,">="&E13) | | | | | | |

	A	B	C	D	E	F	G	H	I	J
1										
2		부자네 청과물 입고관리								
3										
4			사과	바나나	배	오렌지	포도			
5		2020-03-01	5	4	6	5	1			
6		2020-04-01	3		3	4	2			
7		2020-05-01		3	2	5	3			
8		2020-06-01	2	3	2	3	5			
9		2020-07-01	4	4	4	5	2			
10		2020-08-01	3	5		3	3			
11										
12			입고회수		입고수량	입고개수				
13		사과	1		=COUNTIF(C5:G10,">="&E13)					
14		바나나	1							
15		배	1							
16		오렌지	0							
17		포도	0							
18										

■ 알고 넘어가기

쌍따옴표(큰따옴표,더블쿼테이션 마크)의미는 대화나 인용하는 글이나 말, 또는 강조하는 말이나 글의 앞뒤에 쓰는 문장 부호로 인용 부호 또는 인용부라고도 하는데 엑셀에서는 컴퓨터에 표시하고 싶은 문자열로 사용됩니다.

=COUNTIF(C5:G10,">=5")이렇게 표현하면 5이상만 되므로 고정된 상수는 ">="로 하고 결합연산자 그리고인 &를 붙인 후 E13을 적으면 =COUNTIF(C5:G10,">="&E13)이 되어 쌍따옴표 안에는 변하지 않으며 쌍따옴표 밖의 셀 값은 변경이 되는 것을 이용해서 많은 작업을 하게 됩니다. 엑셀에서 매우 중요한 수식표현이므로 충분히 연습하기 바랍니다.

🖱 다중 조건함수 COUNTIFS( )

01 앞의 과정은 단 한가지의 조건인 5개 이상인 입고 건수가 몇 건인지만 파악할 수 있었지만 4~5건인 개수를 구하려면 어떻게 해야 할까요?

02 F13셀에 =COUNTIFS(C5:G10,">=4",C5:G10,"<=5")을 입력합니다.

| COUNTIF | ▼ | ✕ ✓ 𝑓ₓ | =COUNTIFS(C5:G10,">=4",C5:G10,"<=5") |

	A	B	C	D	E	F	G	H
1								
2				부자네 청과물 입고관리				
3								
4			사과	바나나	배	오렌지	포도	
5		2020-03-01	5	4	6	5	1	
6		2020-04-01	3		3	4	2	
7		2020-05-01		3	2	5	3	
8		2020-06-01	2	3	2	3	5	
9		2020-07-01	4	4	4	5	2	
10		2020-08-01	3	5		3	3	
11								
12			입고회수			입고수량	입고개수	
13		사과	1		=COUNTIFS(C5:G10,">=4",C5:G10,"<=5")			
14		바나나	1					
15		배	1					
16		오렌지	0					
17		포도	0					
18								

03 F13셀에 3개에서 6개 사이로 입고된 개수를 구해보세요.

	A	B	C	D	E	F	G	H	I
1									
2				부자네 청과물 입고관리					
3									
4			사과	바나나	배	오렌지	포도		
5		2020-03-01	5	4	6	5	1		
6		2020-04-01	3		3	4	2		
7		2020-05-01		3	2	5	3		
8		2020-06-01	2	3	2	3	5		
9		2020-07-01	4	4	4	5	2		
10		2020-08-01	3	5		3	3		
11									
12			입고회수			입고수량	입고개수		
13		사과	1			5	21		
14		바나나	1						
15		배	1						
16		오렌지	0						
17		포도	0						
18									

⬤ COUNTIFS( ) 날짜 사이의 셀 수 계산

01 빈 시트에 아래의 내용을 입력한 후 서식도 정해주도록 합니다.

	A	B	C	D	E	F	G
1							
2			날짜 사이 셀 세기				
3							
4		이름	생일		연도	인원	
5		박찬호	1999-03-15		1999		
6		류현진	1999-02-05		2000		
7		오승환	2000-03-23		2001		
8		강정호	2000-05-01		2002		
9		윤석민	2000-05-11				
10		양현종	2000-08-15				
11		김광현	2001-01-05				
12							
13							

02 두 날짜 사이의 날짜를 포함하는 셀 수를 계산하려면 COUNTIFS 함수를 사용할 수 있습니다. F5셀에 아래의 수식을 입력합니다.

=COUNTIFS(C$5:C$11,")="& DATE(E5,1,1),C$5:C$11,"〈="& DATE(E5,12,31))

	F5		*fx*	=COUNTIFS(C$5:C$11,">=" & DATE(E5,1,1),C$5:C$11,"<=" & DATE(E5,12,31))					
	A	B	C	D	E	F	G	H	I	J
1										
2			날짜 사이 셀 세기							
3										
4		이름	생일		연도	인원				
5		박찬호	1999-03-15		1999	2				
6		류현진	1999-02-05		2000	4				
7		오승환	2000-03-23		2001	1				
8		강정호	2000-05-01		2002	0				
9		윤석민	2000-05-11							
10		양현종	2000-08-15							
11		김광현	2001-01-05							
12										
13										
14										

첫 번째 날은 =DATE(E5,1,1), 마지막 날은 =DATE(E5,12,31)

DATE 함수를 사용하여 셀 참조로 제공된 연도, 월, 일에 해당하는 인수를 기반으로 날짜로 쉽게 변환할 수 있습니다. 위와 같은 예에서는 월과 일은 상수로 적었으며 우리는 E5:E8셀에서 연도를 얻습니다.
연산자 ")=" 및 "〈="는 텍스트로 입력해야하며 큰 따옴표로 묶어주며 각 연산자를 각 날짜에 연결 하려면 연결 (&)을 사용해야 합니다.

1. LEFT( ), REPLACE( )   2. RIGHT( ), MID( )
3. FIND( ), LEN( )   4. VALUE( )

	A	B	C	D	E	F
1	번호	이름	주민등록번호	주민번호보호	성별	휴대폰
2	1	강경아	420206-1258166	420206-1******	남자	010-6834-8608
3	2	강호승	501101-1447124	501101-1******	남자	018-9126-4325
4	3	남재우	320507-2139196	320507-2******	여자	011-1364-2727
5	4	노화영	300729-1144104	300729-1******	남자	010-9751-5368
6	5	문선호	400806-2632162	400806-2******	여자	016-3768-1710
7	6	배준서	800514-2531138	800514-2******	여자	011-5544-5705
8	7	백남원	880204-1641170	880204-1******	남자	016-6561-2663
9	8	백상호	830117-1554170	830117-1******	남자	017-3886-6617
10	9	변의영	850120-1443125	850120-1******	남자	017-2300-3981
11	10	서은실	560613-1637174	560613-1******	남자	017-2646-5233
12	11	서현실	600908-2457194	600908-2******	여자	011-6735-8488
13	12	양승준	450727-2136119	450727-2******	여자	017-6647-1643
14	13	양승현	851101-1431177	851101-1******	남자	011-2037-9762
15	14	이병구	780409-1239151	780409-1******	남자	018-4181-6085
16	15	김종숙	230921-2545137	230921-2******	여자	017-7326-1800
17	16	이상돈	640520-2452186	640520-2******	여자	017-3814-8538

CHAPTER 04-1   LEFT(), RIGHT(), MID()   ▶▶▶

🖱 LEFT( ), REPLACE( )

01 다운로드한 예제폴더(엑셀활용)에서 CHAPTER04.xlsx를 불러온 후 [주민번호보호] 시트탭을 클릭합니다.

02 D2셀을 클릭한 후 C2셀에 입력된 주민등록번호를 이용하여 주민등록번호의 뒷 번호를 블라이드 처리하도록 합니다. C2셀 왼쪽에서 여덟 글자를 추출한 후 뒤에 "******"를 붙여줍니다.

COUNTIF		▼ (- ✗ ✓ fx	=LEFT(C2,8)&"******"	
	A	B	C	D	E
1	번호	이름	주민등록번호	주민번호보호	성별
2	1	강경아		=LEFT(C2,8)&"******"	
3	2	강호승	501101-1447124		

03 자동채우기를 더블클릭해서 나머지 주민번호보호를 처리해 줍니다.

	A	B	C	D	E
			f_x =LEFT(C2,8)&"******"		
1	번호	이름	주민등록번호	주민번호보호	성별
2	1	강경아	420206-1258166	420206-1******	
3	2	강호승	501101-1447124	501101-1*****	
4	3	남재우	320507-2139196	320507-2******	
5	4	노화영	300729-1144104	300729-1******	
6	5	문선호	400806-2632162	400806-2******	
7	6	배준서	800514-2531138	800514-2******	
8	7	백남원	880204-1641170	880204-1******	
9	8	백상호	830117-1554170	830117-1******	
10	9	변의영	850120-1443125	850120-1******	
11	10	서은실	560613-1637174	560613-1******	
12	11	서현실	600908-2457194	600908-2******	
13	12	양승준	450727-2136119	450727-2******	
14	13	양승현	851101-1431177	851101-1******	

알고나면 참 쉽다고들 하는데 외우는 것이 아니라 상황을 이해하는것이 중요합니다.

■ 알고 넘어가기

문자열에 특정위치의 문자를 다른 문자로 대치하는 함수로는 REPLACE( )라는 함수
가 있으며 사용법은 =REPLACE(변경할 문자열, 시작위치, 변경할 글자수, 대체할 문
자열)로 작업하면 됩니다.

=REPLACE(주민번호있는 셀좌표,9,6,"******")

---

04 D2셀을 클릭한 후 위의 =REPLACE( ) 함수를 이용하여 수정해봅니다.

	C	D	E
	=REPLACE(C2,9,6,"******")		
	주민등록번호	주민번호보호	성별
		=REPLACE(C2,9,6,"******")	
	501101-1447124		
	320507-2139196		
	300729-1144104		
	400806-2632162		

🖱 IF( )와 MID( )로 성별 표시하기

01 E2셀에 클릭한 후 =MID(C2,8,1)을 입력하면 성별을 의미하는 주민등록번호 뒷자리의 첫번째 글자를 추출하게 됩니다.

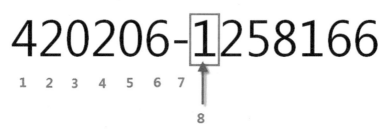

420206-<u>1</u>258166

1 2 3 4 5 6 7 ↑
           8

8번째에서 1글자만 추출합니다

02 한 글자를 추출했으면 추출한 글자가 문자 "1"과 같으면 남자, "1"이 아니면 여자로 표시되도록 작업해야 합니다. 조건에 따라 둘 중에 하나가 들어가는 함수가 IF( ) 함수이므로 아래와 같이 수정합니다.

> =IF(MID(C2,8,1)="1","남자","여자")

=IF(MID(C2,8,1)="1","남자","여자")

C 주민등록번호	D 주민번호보호	E 성별	F 휴대폰
420206-1258166	4	=IF(MID(C2,8,1)="1","남자","여자")	
501101-1447124	501101-1******		018-9126-4325
320507-2139196	320507-2******		011-1364-2727
300729-1144104	300729-1******		010-9751-5368
400806-2632162	400806-2******		016-3768-1710
800514-2531138	800514-2******		011-5544-5705
880204-1641170	880204-1******		016-6561-2663
830117-1554170	830117-1******		017-3886-6617
850120-1443125	850120-1******		017-2300-3981
560613-1637174	560613-1******		017-2646-5233
600908-2457194	600908-2******		011-6735-8488
450727-2136119	450727-2******		017-6647-1643

03 자동채우기 포인트를 더블클릭해서 성별을 채우기합니다.

> ■ 알고 넘어가기
>
> =IF(MID(C2,8,1)=1,"남자","여자") 이런 수식으로 수정하면 왜 여자만 나오게 될까요?

🖱 중간 블라인드 처리하기

	A	B	C	D	E	F	G
				G2	▼	=LEFT(F2,5)&"***"&RIGHT(F2,5)	
1	번호	이름	주민등록번호	주민번호보호	성별	휴대폰	휴대폰보호
2	1	강경아	420206-1258166	420206-1******	여자	010-6834-8608	010-6***-8608
3	2	강호승	501101-1447124	501101-1******	여자	018-9126-4325	018-9***-4325
4	3	남재우	320507-2139196	320507-2******	여자	011-1364-2727	011-1***-2727
5	4	노화영	300729-1144104	300729-1******	여자	010-9751-5368	010-9***-5368
6	5	문선호	400806-2632162	400806-2******	여자	016-3768-1710	016-3***-1710
7	6	배준서	800514-2531138	800514-2******	여자	011-5544-5705	011-5***-5705
8	7	백남원	880204-1641170	880204-1******	여자	016-6561-2663	016-6***-2663
9	8	백상호	830117-1554170	830117-1******	여자	017-3886-6617	017-3***-6617
10	9	변의영	850120-1443125	850120-1******	여자	017-2300-3981	017-2***-3981
11	10	서은실	560613-1637174	560613-1******	여자	017-2646-5233	017-2***-5233
12	11	서현실	600908-2457194	600908-2******	여자	011-6735-8488	011-6***-8488
13	12	양승준	450727-2136119	450727-2******	여자	017-6647-1643	017-6***-1643
14	13	양승현	851101-1431177	851101-1******	여자	011-2037-9762	011-2***-9762

01 위의 결과와 같이 휴대폰 번호가 보호되도록 작업하겠습니다. G2셀에 클릭한 후 =LEFT(F2,5)를 입력해서 결과를 확인합니다.

fx =LEFT(F2,5)

C	D	E	F	G
주민등록번호	주민번호보호	성별	휴대폰	휴대폰보호
420206-1258166	420206-1******	여자	010-6834-8608	010-6
501101-1447124	501101-1******	여자	018-9126-4325	
320507-2139196	320507-2******	여자	011-1364-2727	
300729-1144104	300729-1******	여자	010-9751-5368	
400806-2632162	400806-2******	여자	016-3768-1710	
800514-2531138	800514-2******	여자	011-5544-5705	
880204-1641170	880204-1******	여자	016-6561-2663	
830117-1554170	830117-1******	여자	017-3886-6617	

02 G2셀을 수정하는데 =LEFT(F2,5)&"***"을 입력한 후 Enter 를 누릅니다.

fx =LEFT(F2,5)&"***"

C	D	E	F	G
주민등록번호	주민번호보호	성별	휴대폰	휴대폰보호
420206-1258166	420206-1******	여자	010-6834-8608	010-6***
501101-1447124	501101-1******	여자	018-9126-4325	
320507-2139196	320507-2******	여자	011-1364-2727	
300729-1144104	300729-1******	여자	010-9751-5368	
400806-2632162	400806-2******	여자	016-3768-1710	
800514-2531138	800514-2******	여자	011-5544-5705	

03 나머지 뒷 자리를 갖다 붙여주면 됩니다. =LEFT(F2,5)&"***"&RIGHT(F2,5)를 입력한 뒤 [Enter]를 누릅니다.

| fx | =LEFT(F2,5)&"***"&RIGHT(F2,5) |

C	D	E	F	G
주민등록번호	주민번호보호	성별	휴대폰	휴대폰보호
420206-1258166	420206-1******	여자	010-6834-8608	010-6***-8608
501101-1447124	501101-1******	여자	018-9126-4325	
320507-2139196	320507-2******	여자	011-1364-2727	
300729-1144104	300729-1******	여자	010-9751-5368	
400806-2632162	400806-2******	여자	016-3768-1710	
800514-2531138	800514-2******	여자	011-5544-5705	
880204-1641170	880204-1******	여자	016-6561-2663	
830117-1554170	830117-1******	여자	017-3886-6617	
850120-1443125	850120-1******	여자	017-2300-3981	
560613-1637174	560613-1******	여자	017-2646-5233	
600908-2457194	600908-2******	여자	011-6735-8488	

04 자동채우기로 나머지 셀을 채우기합니다.

| G2 | fx | =LEFT(F2,5)&"***"&RIGHT(F2,5) |

	A	B	C	D	E	F	G
1	번호	이름	주민등록번호	주민번호보호	성별	휴대폰	휴대폰보호
2	1	강경아	420206-1258166	420206-1******	여자	010-6834-8608	010-6***-8608
3	2	강호승	501101-1447124	501101-1******	여자	018-9126-4325	018-9***-4325
4	3	남재우	320507-2139196	320507-2******	여자	011-1364-2727	011-1***-2727
5	4	노화영	300729-1144104	300729-1******	여자	010-9751-5368	010-9***-5368
6	5	문선호	400806-2632162	400806-2******	여자	016-3768-1710	016-3***-1710
7	6	배준서	800514-2531138	800514-2******	여자	011-5544-5705	011-5***-5705
8	7	백남원	880204-1641170	880204-1******	여자	016-6561-2663	016-6***-2663
9	8	백상호	830117-1554170	830117-1******	여자	017-3886-6617	017-3***-6617
10	9	변의영	850120-1443125	850120-1******	여자	017-2300-3981	017-2***-3981
11	10	서은실	560613-1637174	560613-1******	여자	017-2646-5233	017-2***-5233
12	11	서현실	600908-2457194	600908-2******	여자	011-6735-8488	011-6***-8488
13	12	양승준	450727-2136119	450727-2******	여자	017-6647-1643	017-6***-1643
14	13	양승현	851101-1431177	851101-1******	여자	011-2037-9762	011-2***-9762
15	14	이병구	780409-1239151	780409-1******	여자	018-4181-6085	018-4***-6085
16	15	김종숙	230921-2545137	230921-2******	여자	017-7326-1800	017-7***-1800
17	16	이상돈	640520-2452186	640520-2******	여자	017-3814-8538	017-3***-8538
18	17	장종문	390103-2347166	390103-2******	여자	017-7250-1515	017-7***-1515
19	18	정인영	871018-1654106	871018-1******	여자	018-1569-7531	018-1***-7531

🖱 문자열의 분리

텍스트를 분리하기 위하여 유용하게 쓸 수 있는 함수가 FIND( ) 함수 입니다.

	A	B	C
1	전체이름	성	이름
2	임 윤아	임	윤아
3	오 상열	오	상열
4	남궁 혁	남궁	혁
5	남 진혁	남	진혁
6	선 우재	선	우재
7	선우 재덕	선우	재덕
8			

■ 알고 넘어가기

FIND(찾을 문자열, 문자열 셀, 시작위치)
LEN(문자열 셀)

---

01 [찾기] 시트를 선택한 후 B2셀을 클릭한 후 =FIND(" ",A2,1)를 입력한 후 Enter 를 누르면 2가 나오게 됩니다. 빈 공백이 **2번째** 칸에 있다는 것입니다.

B2	▼	f_x	=FIND(" ",A2,1)

	A	B	C
1	전체이름	성	이름 ✛
2	임 윤아	2	
3	오 상열		
4	남궁 혁		
5	남 진혁		
6	선 우재		
7	선우 재덕		

02 이제 =LEFT(A2,FIND(" ",A2,1))을 입력해서 성에 해당하는 글자만 가져오도록 수정합니다.

COUNTIF		✗ ✓ *fx*	=LEFT(A2,FIND(" ",A2,1))	
	A	B	C	D
1	전체이름	성	이름	
2	=LEFT(A2,FIND(" ",A2,1))			
3	오 상열			
4	남궁 혁			
5	남 진혁			
6	선 우재			
7	선우 재덕			
8				

03 이번에는 이름만 따로 떼어내도록 하는데 공식은 **=전체글자수−공백까지 글자수**입니다. 일단 먼저 전체글자수를 알아내는 함수는 **=LEN(A2)**가 됩니다.

COUNTIF		✗ ✓ *fx*	=LEN(A2)
	A	B	C
1	전체이름	성	이름
2	임 윤아	임	=LEN(A2)
3	오 상열		
4	남궁 혁		
5	남 진혁		
6	선 우재		
7	선우 재덕		
8			

04 이제 수식을 **=RIGHT(A2,LEN(A2)−FIND(" ",A2,1))**로 수정하면 이름만 추출하게 됩니다.

COUNTIF		✗ ✓ *fx*	=RIGHT(A2,LEN(A2)-FIND(" ",A2,1))		
	A	B	C	D	E
1	전체이름	성	이름		
2		=RIGHT(A2,LEN(A2)−FIND(" ",A2,1))			
3	오 상열				
4	남궁 혁				
5	남 진혁				
6	선 우재				
7	선우 재덕				
8					

🖱 문자열을 숫자로 변환하는 VALUE( )

⊿	A	B	C	D	E	F	G	H
1	연번	출원번호	출원일자	등록상태		출원년도	건수	
2	1	10-2010-343434	2011.09.05	공개		2001	0	
3	2	10-2010-343435	2011.07.05	등록		2002	0	
4	3	10-2010-343436	2011.02.16	등록		2003	0	
5	4	10-2010-343437	2010.07.10	등록		2004	0	
6	5	10-2010-343438	2010.01.15	공개		2005	0	
7	6	10-2010-343439	2011.10.13	공개		2006	0	
8	7	10-2010-343440	2010.02.04	등록		2007	2	
9	8	10-2010-343441	2010.01.06	공개		2008	24	
10	9	10-2010-343442	2010.12.23	공개		2009	18	
11	10	10-2010-343443	2009.11.11	등록		2010	16	
12	11	10-2010-343444	2009.10.03	등록		2011	3	
13	12	10-2010-343445	2010.04.29	등록		합계		
14	13	10-2010-343446	2010.05.10	등록				
15	14	10-2010-343447	2010.04.29	공개		2010		
16	15	10-2010-343448	2010.04.10	공개				
17	16	10-2010-343449	2010.01.18	공개				
18	17	10-2010-343450	2010.02.05	공개				
19	18	10-2010-343451	2011.12.11	등록				
20	19	10-2010-343452	2011.11.12	공개				
21	20	10-2010-343453	2011.10.10	등록				
22								

01 [VALUE] 시트를 선택한 후 **G15**셀에 O 또는 X를 나타내려고 하는데 =IF(LEFT(C15,4)=F15,"O","X")을 입력한 후 Enter 를 누릅니다.

⊿	A	B	C	D	E	F	G	H
1	연번	출원번호	출원일자	등록상태		출원년도	건수	
2	1	10-2010-343434	2011.09.05	공개		2001	0	
3	2	10-2010-343435	2011.07.05	등록		2002	0	
4	3	10-2010-343436	2011.02.16	등록		2003	0	
5	4	10-2010-343437	2010.07.10	등록		2004	0	
6	5	10-2010-343438	2010.01.15	공개		2005	0	
7	6	10-2010-343439	2011.10.13	공개		2006	0	
8	7	10-2010-343440	2010.02.04	등록		2007	2	
9	8	10-2010-343441	2010.01.06	공개		2008	24	
10	9	10-2010-343442	2010.12.23	공개		2009	18	
11	10	10-2010-343443	2009.11.11	등록		2010	16	
12	11	10-2010-343444	2009.10.03	등록		2011	3	
13	12	10-2010-343445	2010.04.29	등록		합계		
14	13	10-2010-343446	2010.05.10	등록				
15	14	10-2010-343447	2010.04.29	공개		=IF(LEFT(C15,4)=F15,"O","X")		
16	15	10-2010-343448	2010.04.10	공개				
17	16	10-2010-343449	2010.01.18	공개				

02 에러메시지가 나오지는 않지만 2010이 맞는데도 X가 표시되었습니다. 그 이유는 LEFT(C15,4)로 추출한 값은 "2010"이란 문자열이 되지만 F15셀에는 2010이라는 숫자가 입력되어 있어서 답이 다르게 표시가 된 것입니다. 이때 사용하는 함수가 VALUE( )라는 함수입니다.

03 G15셀에 =IF(VALUE(LEFT(C15,4))=F15,"O","X")을 입력한 후 Enter 를 누릅니다.

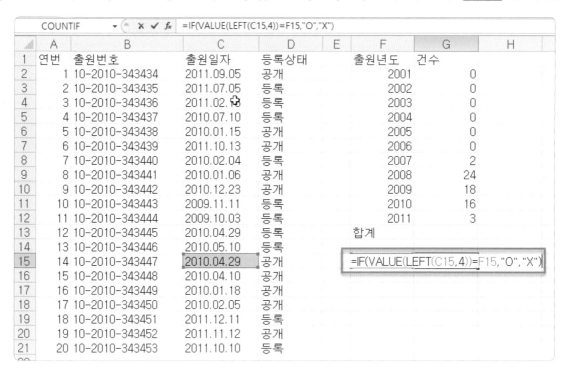

04 아래와 같이 결과가 O가 나와야 합니다.

CHAPTER
05 ▶ 찾기 함수 사용하기

1. VLOOKUP( )   2. 이름정의와 유효성검사
3. 문자열 함수와 함께 사용하기

VLOOKUP, HLOOKUP 함수는 데이터범위에서 특정 값에 따른 관련 데이터를 찾아 가져오는 함수입니다.

VLOOKUP = Vertical(수직) + Look up(**찾아보다**)

HLOOKUP = Horizontal(수평) + Look up(찾아보다)

=VLOOKUP(찾는 값, 찾을 영역, 표시될 칸 번호, 정확성여부)

○ 인수의 의미

찾는 값	Lookup_value는 표의 첫 열에서 찾으려는 값으로 기준이 되는 값을 선택합니다. 여기서는 [A2] 셀에 입력된 제품코드 "200"을 기준으로 하여 [컴퓨터]라는 제품명을 찾아 올 것이므로 [A2] 셀을 선택합니다.
찾을 영역	Table_array는 데이터를 검색하고 추출하려는 표 영역으로, 참조 데이터가 있는 G2:I7 영역을 지정합니다. 이 때 참조되는 영역은 영역이 상대적으로 이동되는 영역이 아닌 절대영역이므로 범위 지정 후 F4 키를 눌러서 절대참조($G$2:$I$7)로 변경합니다.
표시될 칸 번호	추출하려는 열의 번호로, 추출항목이 참조 데이터에서 몇 번째 열에 존재하는가를 입력합니다. 여기서는 제품명을 가져올 것이므로 2를 입력합니다. 단 가는 3을 입력하면 된다.
정확성 여부	추출 조건으로 정확하게 일치하는 항목을 가져올 경우는 FALSE를 입력하면 되며, 범위대를 가져올 경우 TRUE를 입력하면 됩니다. 입력의 편의를 위해서 FALSE는 1 이 아닌 값을 입력하면 되는데 1 이 아닌 값인 0 을 주로 입력하며, TRUE는 1을 입력하면 됩니다.

01 다운로드한 예제폴더(엑셀활용)에서 CHAPTER05.xlsx를 불러옵니다.

02 [찾기] 시트에서 B2셀을 클릭한 후 =VLOOKUP(A2,$G$2:$I$7,2,0) 을 입력합니다.

	COUNTIF	▾	× ✓ fx	=VLOOKUP(A2,$G$2:$I$7,2,0)				
	A	B	C	D	E	F	G	H	I
1	제품코드	제품명	단가	수량	금액		제품코드	제품명	단가
2	=VLOOKUP(A2,$G$2:$I$7,2,0)						100	본체	1,000,000
3	100						200	모니터	250,000
4	300						300	태블릿	800,000
5	600						400	키보드	10,000
6	400						500	마우스	5,000
7							600	헤드셋	20,000
8									

03 C2셀에 =VLOOKUP(A2,$G$2:$I$7,3,0) 을 입력합니다.

	COUNTIF	▾	× ✓ fx	=VLOOKUP(A2,$G$2:$I$7,3,0)				
	A	B	C	D	E	F	G	H	I
1	제품코드	제품명	단가	수량	금액		제품코드	제품명	단가
2	200	모니터	=VLOOKUP(A2,$G$2:$I$7,3,0)				100	본체	1,000,000
3	100						200	모니터	250,000
4	300						300	태블릿	800,000
5	600						400	키보드	10,000
6	400						500	마우스	5,000
7							600	헤드셋	20,000
8									

04 D2에 수량을 입력하면 되는데 5를 입력합니다.

	A	B	C	D	E
1	제품코드	제품명	단가	수량	금액
2	200	모니터	250,000	5	
3	100				
4	300				

05 E2셀에 **=C2*D2**를 입력하여 계산합니다.

	A	B	C	D	E	F	G	H	I
COUNTIF		✗ ✓ fx	=C2*D2						
1	제품코드	제품명	단가	수량	금액		제품코드	제품명	단가
2	200	모니터	250,000	5	=C2*D2		100	본체	1,000,000
3	100						200	모니터	250,000
4	300						300	태블릿	800,000
5	600						400	키보드	10,000
6	400						500	마우스	5,000
7							600	헤드셋	20,000
8									

06 B2:E2를 범위로 지정한 후 자동채우기 포인터를 더블클릭합니다.

	A	B	C	D	E	F	G	H	I
B2		fx	=VLOOKUP(A2,$G$2:$I$7,2,0)						
1	제품코드	제품명	단가	수량	금액		제품코드	제품명	단가
2	200	모니터	250,000	5	1,250,000		100	본체	1,000,000
3	100						200	모니터	250,000
4	300				더블클릭	00	태블릿	800,000
5	600					400	키보드	10,000
6	400						500	마우스	5,000
7							600	헤드셋	20,000
8									
9									

07 아래와 같이 결과가 나타납니다. 제품코드를 다른 것으로 변경하면 결과값이 자동으로 변경되는 것을 알 수 있습니다.

	A	B	C	D	E	F	G	H	I
B2		fx	=VLOOKUP(A2,$G$2:$I$7,2,0)						
1	제품코드	제품명	단가	수량	금액		제품코드	제품명	단가
2	200	모니터	250,000	5	1,250,000		100	본체	1,000,000
3	100	본체	1,000,000	6	6,000,000		200	모니터	250,000
4	300	태블릿	800,000	7	5,600,000		300	태블릿	800,000
5	600	헤드셋	20,000	8	160,000		400	키보드	10,000
6	400	키보드	10,000	9	90,000		500	마우스	5,000
7							600	헤드셋	20,000
8									

01 [야구통계] 시트에 연도(A5:A36)을 범위로 지정한 후 이름을 **년도**로 정의합니다.

02 A5:D36까지 범위를 지정한 후 **홈런왕**으로 이름을 정의합니다.

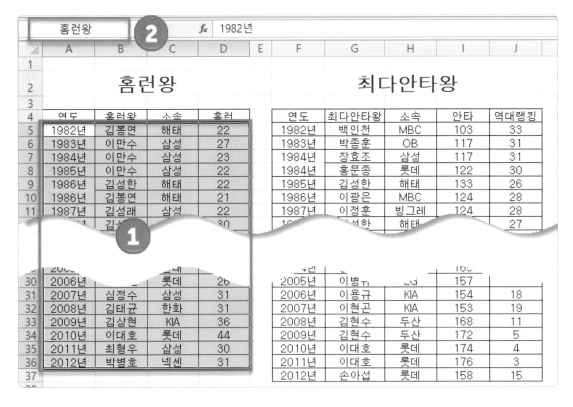

03 F5:J37까지 범위를 지정한 후 **안타왕**으로 이름을 정의합니다.

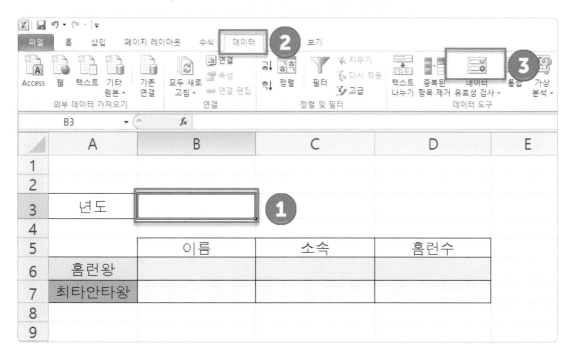

연도	홈런왕	소속	홈런		연도	최다안타왕	소속	안타	역대랭킹
1982년	김봉연	해태	22		1982년	백인천	MBC	103	33
1983년	이만수	삼성	27		1983년	박종훈	OB	117	31
1984년	이만수	삼성	23		1984년	장효조	삼성	117	31
1985년	이만수	삼성	22		1984년	홍문종	롯데	122	30
1986년	김성한	해태	22		1985년	김성한	해태	133	26
1986년	김봉연	해태	21		1986년	이광은	MBC	124	28
	김성래		22		1987	후	빙그레		28
2006년		롯데	26		2005년	이병규		157	
2007년	심정수	삼성	31		2006년	이용규	KIA	154	18
2008년	김태균	한화	31		2007년	이현곤	KIA	153	19
2009년	김상현	KIA	36		2008년	김현수	두산	168	11
2010년	이대호	롯데	44		2009년	김현수	두산	172	5
2011년	최형우	삼성	30		2010년	이대호	롯데	174	4
2012년	박병호	넥센	31		2011년	이대호	롯데	176	3
					2012년	손아섭	롯데	158	15

04 [야구왕] 시트의 B3셀에 1982년~2012년까지 데이터 유효성검사로 만들기 위해 데이터 - 데이터 유효성 검사를 차례대로 클릭합니다..

05 제한대상은 **목록**으로 변경한 후 원본칸에는 **=년도**를 입력한 후 확인을 클릭합니다. 1번 과정에서 이름을 정의할 때 년도로 정의했으므로 이름을 교재대로 입력해야 합니다.

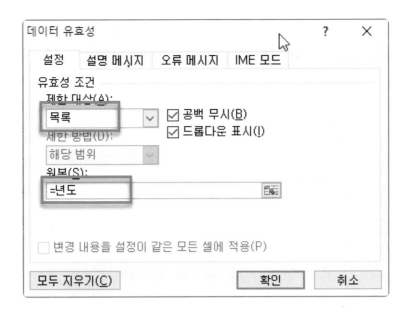

06 아래와 같은 양식처럼 B3셀을 클릭하면 목록이 나오게 됩니다. 2009년을 선택합니다.

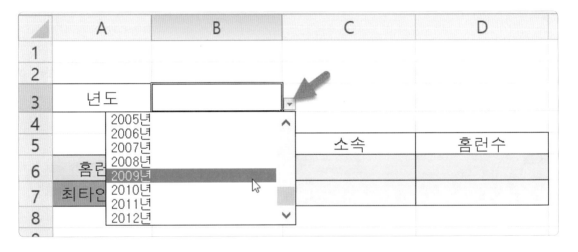

07 B6셀에 홈런왕의 이름을 나타내기 위해 **=VLOOKUP(B3,홈런왕,2,0)**을 입력합니다.

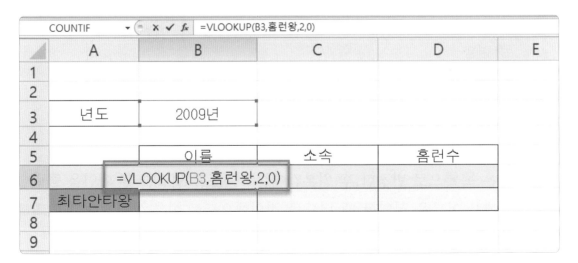

08 C6셀에 홈런왕의 소속구단을 표시하기 위해 **=VLOOKUP(B3,홈런왕,3,0)**을 입력합니다.

	COUNTIF	▾	✗ ✓ *fx*	=VLOOKUP(B3,홈런왕,3,0)	
	A	B	C	D	E
1					
2					
3	년도	2009년			
4					
5		이름	소속	홈런수	
6	홈런왕		=VLOOKUP(B3,홈런왕,3,0)		
7	최타안타왕				
8					
9					

09 D6셀에 홈런왕의 홈런수를 표시하기 위해 **=VLOOKUP(B3,홈런왕,4,0)**을 입력합니다.

	COUNTIF	▾	✗ ✓ *fx*	=VLOOKUP(B3,홈런왕,4,0)	
	A	B	C	D	E
1					
2					
3	년도	2009년			
4					
5		이름	소속	홈런수	
6	홈런왕	김상현		=VLOOKUP(B3,홈런왕,4,0)	
7	최타안타왕				
8					
9					

10 B7셀에 안타왕 이름을, C7셀에 안타왕 소속구단을, D7셀에는 안타수를 표시하도록 작업합니다. 아래를 참조해서 직접 함수를 입력해서 표시되도록 합니다.

	H13	▾	*fx*		
	A	B	C	D	
1					
2					
3	년도	2009년			
4					
5		이름	소속	홈런수	
6	홈런왕	=VLOOKUP(B3,홈런왕,2,0)	=VLOOKUP(B3,홈런왕,3,0)	=VLOOKUP(B3,홈런왕,4,0)	
7	최타안타왕	=VLOOKUP(B3,안타왕,2,0)	=VLOOKUP(B3,안타왕,3,0)	=VLOOKUP(B3,안타왕,4,0)	
8					
9					

코드	원아명	주민등록번호	나이	원비	실원비		나이	원비
L129515	박진영	160814-3432239	5	340,000	187,000		2	480,000
M633097	이수만	150308-4342328	6	276,000	220,800		3	416,000
L577955	김창열	141024-3623473	7	234,000	128,700		4	345,000
L471948	임창정	150416-3425674	6	276,000	151,800		5	340,000
D349785	윤민수	160626-3723026	5	340,000	102,000		6	276,000
M330314	김보성	171224-3542734	4	345,000	276,000		7	234,000
D564433	이문희	180411-4356444	3	416,000	124,800			
L565371	정진석	151017-3273238	6	276,000	151,800			
M335567	이윤미	191204-4491535	2	480,000	384,000			
D237830	허가윤	141111-4243563	7	234,000	70,200			

01 [어린이집] 시트를 열어서 나이를 구하기 위해 E5셀에 **=20−LEFT(D5,2)+1** 을 입력한 후 자동채우기를 해서 나이를 모두 채워줍니다.

02 나이가 제대로 구해졌지만 셀 표시형식이 기타로 되어 있어서 #####으로 표시가 되었습니다. **홈 − 셀 서식**을 **일반**으로 변경합니다.

03 F5셀에 =VLOOKUP(E5,$I$5:$J$10,2,0)를 입력해서 원비를 구한 후 자동채우기
로 나머지를 채워줍니다.

B	C	D	E	F	G	H	I	J	K
		어린이집 원비현황							
코드	원아명	주민등록번호	나이	원비	실원비		나이	원비	
L129515	박진영	160814-3432239	5	=VLOOKUP(E5,$I$5:$J$10,2,0)			2	480,000	
M633097	이수만	150308-4342328	6				3	416,000	
L577955	김창열	141024-3623473	7				4	345,000	
L471948	임창정	150416-3425674	6				5	340,000	
D349785	윤민수	160626-3723026	5				6	276,000	
M330314	김보성	171224-3542734	4				7	234,000	
D564433	이문희	180411-4356444	3						
L565371	정진석	151017-3273238	6						
M335567	이윤미	191204-4491535	2						
D237830	허가윤	141111-4243563	7						

04 실원비는 할인율을 적용해야 하므로 B5셀의 코드 첫글자가 L은 저소득층인 45%,
첫글자가 M은 맞벌이로 20%, 첫글자가 D는 다자녀로 80%를 할인하도록 합니다.
=F5*(1-VLOOKUP(LEFT(B5,1),$L$5:$N$7,3,0)) 을 입력합니다.

F	G	H	I	J	K	L	M	N
							✛	
원비	실원비		나이	원비		코드	구분	할인율
340,000	=F5*(1-VLOOKUP(LEFT(B5,1),$L$5:$N$7,3,0))					M	맞벌이	20%
276,000			3	416,000		L	저소득층	45%
234,000			4	345,000		D	다자녀	70%
276,000			5	340,000				
340,000			6	276,000				
345,000			7	234,000				
416,000								
276,000								
480,000								
234,000								

■ 알고 넘어가기

(1-VLOOKUP(LEFT(B5,1),$K$5:$M$7,3,0))에서 1은 100%를 말하며 100%에서
할인율인 20%를 빼면 80%만 원비로 납부하면 되기 때문에 나이별 원비에 할인율을
곱해주는 것입니다.

🖱 혼자 해 보기

01 [코드정보] 시트에서 A2:C11 영역을 **코드**라고 이름을 정의합니다.

	A	B	C	D	E
1	**품목코드**	**품명**	**단가**		
2	A001	네임펜F (중간글씨용) 흑색	6,000		
3	A002	더블에이 A4용지	20,000		
4	A003	모나미 볼펜	100		
5	A004	스카치 다용도 테이프	900		
6	A005	오피스 수정테이프	20,000		
7	A006	옥스포드 노트	6,000		
8	A007	카카오프렌즈 인덱스 노트 네오	5,000		
9	A008	포스트잇 노트 (654) 노랑	1,700		
10	A009	포스트잇 노트 큐브 3색	2,300		
11	A010	피스코리아 35호 스테플러	4,550		
12					
13					

A1 품목코드

이름 정의

02 [판매실적] 시트에서 품명과 단가를 =VLOOKUP( )을 이용해서 적용시켜 봅니다.

	A	B	C	D	E	F	G
1							
2		**품목코드**	**품명**	**판매수량(a)**	**단가(b)**	**합계(a*b)**	
3		A003		2		-	
4		A001		4		-	
5		A009		3		-	
6		A004		10		-	
7		A001		3		-	
8		A010		7		-	
9		A007		5		-	
10		A009		5		-	
11							
12							
13							

판매실적과 단가를 =VLOOKUP()를 사용해서 구하세요.

64

1. 데이터 유효성 검사   2. 조건부 서식 적용하기
3. 데이터 유효성 검사와 조건부 서식

CHAPTER 06-1   데이터 유효성 검사   ▶▶▶

🖱 직접 입력하기

이전 단원에서 잠시 다뤘던 데이터 유효성 검사는 셀에 입력될 데이터를 제한하기 위해 사용하는 기능으로 목록 상자 버튼으로 쉽게 데이터를 바꿀 수 있어, 계산이나 서식 등 여러 상황에 유용하게 사용할 수 있습니다. 데이터를 입력할 때 임의적으로 입력되면 통합작업이 힘들게 되므로 **일관성, 통일성**을 위해서 반드시 알아두어야 하는 기능입니다.

01 다운로드한 예제폴더(엑셀활용)에서 CHAPTER06.xlsx를 불러온 후 [데이터유효성검사] 시트를 선택합니다.

02 D4셀에 클릭한 후 데이터 – 데이터 유효성 검사를 클릭합니다.

	A	B	C	D	E	F	G	H	I	J
2		\multicolumn{9}{}지아이에듀테크 상반기 영업부 실적							
4		부서를 선택하세요								
6		이름	부서	1월	2월	3월	4월	5월	6월	
7		최낙현	영업1부	35,200	35,000	36000	36,120	35,200	36,000	
8		오상열	영업2부	12,500	21,000	20000	22,000	23,000	23,800	
9		김소연	영업1부	62,500	65,000	64000	65,200	66,000	66,800	
10		전유경	영업3부	62,533	61,890	63000	62,120	59,000	59,600	
11		박성욱	영업4부	32,560	33,000	32000	34,500	35,000	35,800	
12		김동효	영업2부	64,250	56,000	66000	58,000	59,000	59,600	

03 제한 대상을 클릭해서 **목록**을 선택한 후 **원본**에 **영업1부,영업2부,영업3부,영업4부**를 입력합니다.

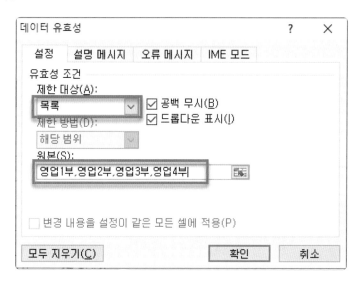

04 **설명 메시지** 탭을 선택한 후 **제목**과 **설명 메시지**를 아래와 같이 입력한 후 **확인**을 누릅니다. 데이터 유효성 검사가 된 셀을 클릭하면 설명이 나타나게 하는 기능입니다.

05 D4셀에 설명메시지가 나오는 것을 확인한 후 **저장**을 합니다.

⯅	A	B	C	D	E	F	G	H	I
2			지아이에듀테크 상반기 영업부 실적						
3									
4		부서를 선택하세요.							
5									
6		이름	부서	1월		3월	4월	5월	6월
7		최낙현	영업1부	35,200		36000	36,120	35,200	36,000
8		오상열	영업2부	12,500		20000	22,000	23,000	23,800
9		김소연	영업1부	62,500	65,000	64000	65,200	66,000	66,800
10		전유경	영업3부	62,533	61,890	63000	62,120	59,000	59,600
11		박성욱	영업4부	32,560	33,000	32000	34,500	35,000	35,800

부서입력
영업1부,영업2부,영업3부,영업4부 만 입력할 수 있습니다.

🖱 범위로 목록 만들기

01 [데이터입력검사] 시트를 선택한 후 C4:C23를 셀 범위로 지정한 후 **데이터 - 데이터 유효성 검사**를 클릭합니다.

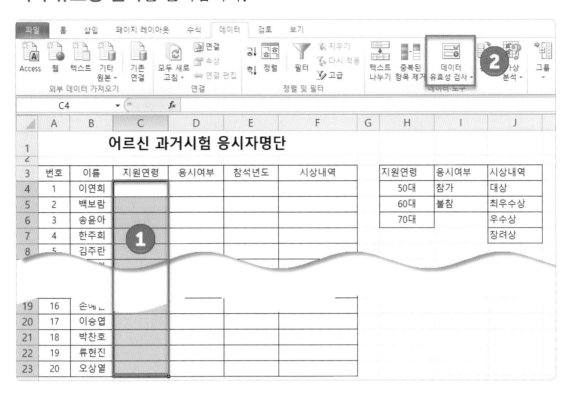

02 제한 대상을 **목록**으로 지정한 후 원본에서 시트버튼을 클릭한 후 지원연령인 50대, 60대, 70대를 드래그해서 범위를 설정합니다.

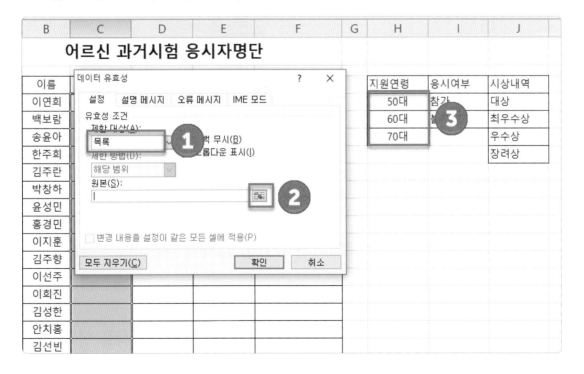

03 원본에 =$H$4:$H$6이라고 입력되어 있으면 **확인**을 누릅니다.

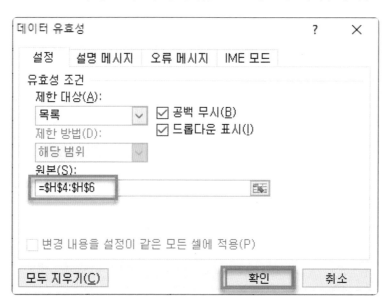

04 이제부터 지원연령이 들어갈 셀을 클릭하면 드롭다운 버튼이 생성되고 클릭하면 목록이 나타나서 선택해서 입력할 수 있습니다. 키보드를 이용하여 직접 숫자를 입력해도 되지만 가능한 숫자는 50, 60, 70 만 가능합니다.

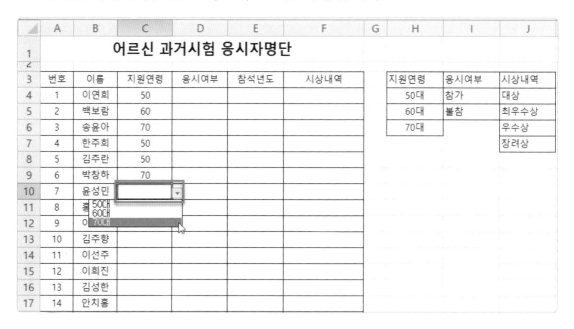

05 D4:D23셀을 범위로 지정한 후 **데이터 유효성 검사**를 이용하여 목록으로 선택할 수 있도록 작업해 보세요.(원본은 **$I$4:$I$5**)

06 F4:F23셀을 범위로 지정한 후 시상내역을 **데이터 유효성 검사**를 이용하여 작업하되 [설명 메시지]를 "대상, 최우수상, 우수상, 장려상"만 입력할 수 있습니다"라고 넣어보세요.

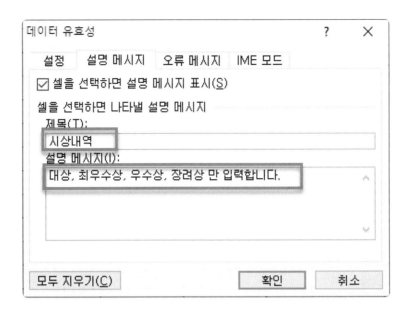

07 참석년도인 **E4:E23**셀을 범위로 지정한 후 **데이터 유효성 검사**를 이용하여 작업하는데 제한대상은 날짜, 제한 방법은 해당 범위, 시작날짜는 2018년 1월 1일, 끝 날짜는 2020년 12월 31일로 지정합니다. 날짜 입력형식은 반드시 2018-01-01 으로 합니다.

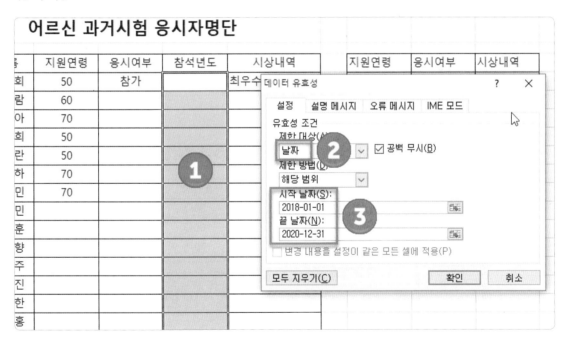

08 날짜를 2018-01-01 부터 2020-12-31 사이로 입력을 해야 합니다. 2021-05-04를 입력하면 아래와 같이 오류메시지 나타납니다.

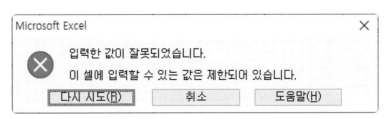

🖱 잘못된 데이터 표시하기

이미 입력된 자료를 대상으로 데이터가 유효하지 않게 입력된 데이터를 표시해서 수정할 수 있도록 표시해 봅니다.

01 [오류표시] 시트에서 지원연령(C4:C23)의 데이터 유효성 검사를 제한대상을 **목록**으로 변경한 후 원본을 H4:H6로 지정합니다.

02 응시여부(D4:D23)의 데이터 유효성 검사를 I4:I5로 지정합니다.

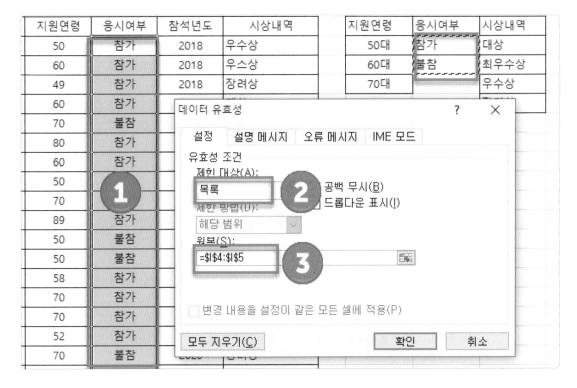

03 참석연도(E4:E23)의 데이터 유효성 검사를 제한대상은 **정수**로 한 후 최소값은 2018, 최대값은 2020으로 설정합니다.

04 시상내역(F3:F23)의 데이터 유효성 검사를 J4:J7로 설정합니다.

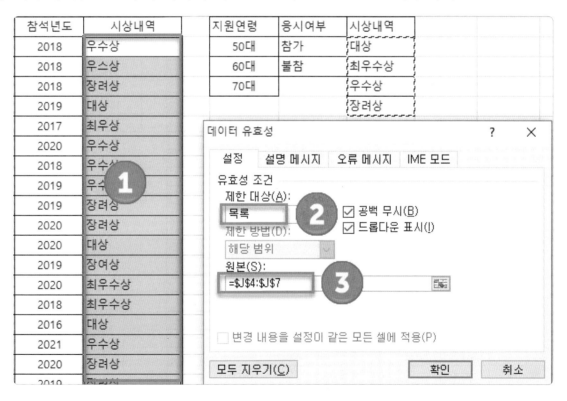

05 데이터 유효성 검사의 범위를 모두 설정했으므로 잘못된 데이터를 찾기 위해 **데이터 유효성 검사 – 잘못된 데이터**를 클릭합니다. 이때 셀 포인터 위치는 아무 셀을 선택해도 관계가 없지만 가급적 데이터가 입력된 셀에 클릭해 둡니다.

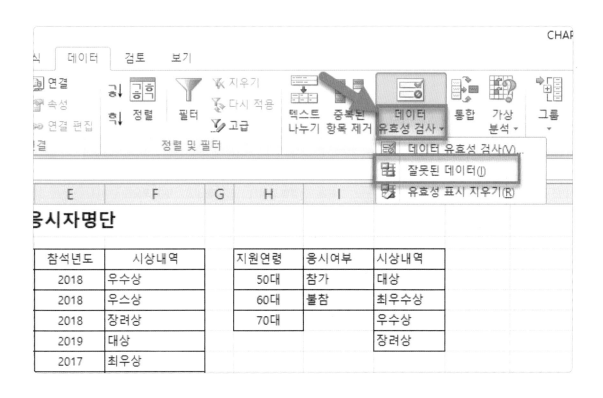

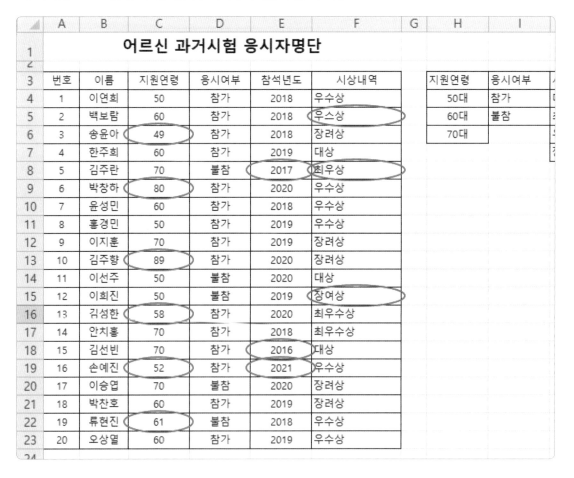

06 입력이 잘못된 데이터는 빨간 타원으로 표시가 됩니다. 틀린 곳을 데이터 유효성 검사의 값으로 변경하면 빨간 타원이 없어집니다.

07 데이터 유효성 검사 – 유효성 표시 지우기를 선택하면 잘못된 데이터 표시 작업이 끝나게 됩니다.

🖰 수식으로 조건부 서식 적용하기

아래와 결과와 같이 평균이 85점 이상인 신청자를 한 줄(레코드)이 녹색으로 채우기가 되도록 조건부 서식을 이용합니다.

6	김수철	85	70	65	220	73.3
7	나문이	46	85	80	211	70.3
8	마상태	80	65	90	235	78.3
9	박민중	65	95	90	250	83.3
10	박민중	98	78	40	216	72.0
11	박상중	95	95	100	290	96.7
12	박상중	78	75	46	199	66.3
13	송선아	95	75	70	240	80.0
14	이명수	89	90	78	257	85.7
15	이명수	45	40	50	135	45.0
16	이승철	70	85	78	233	77.7
17	이지헌	40	90	95	225	75.0
18	전미수	75	78	95	248	82.7
19	정수남	45	65	85	195	65.0
20	정수남	56	80	70	206	68.7
21	최성수	75	95	85	255	85.0
22	최은지	85	89	70	244	81.3

01 다운로드한 예제폴더(엑셀활용)에서 CHAPTER06.xlsx를 불러온 후 [조건부서식] 시트를 선택합니다.

02 A4:F22셀을 범위로 지정한 후 **홈 – 조건부 서식**에서 **새 규칙**을 선택합니다.

03 [새 서식 규칙] 대화상자에서 **수식을 사용하여 서식을 지정할 셀 결정**을 선택한 후 **수식**을 **=$F4>=85** 로 입력한 후 **서식**을 클릭합니다.

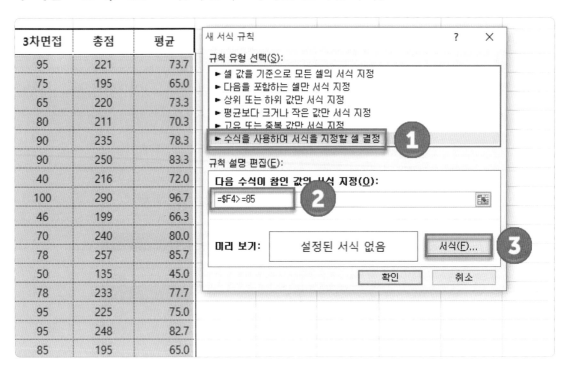

■ =$F4>=85 의미

범위로 지정한 셀을 85이상인 지 비교한 후 맞으면 셀 서식을 적용해 주게 됩니다. A4
는 =$F4>=85로 조건이 맞으면 서식을 적용하고, B4셀도 =$F4>=85이 맞으면 서식
을 적용하고, C4셀도 =$F4>=85의 조건이 맞으면 서식을 적용하는 과정입니다. $F에
$를 붙이는 이유가 비교대상인 F열은 변하면 안되기 때문이고 $F4에 4에는 $를 붙이
지 않는 이유는 5,6,7,8 행 번호는 변하면서 비교해야 하기 때문입니다.

A4, B4, C4, D4, E4 는 F4 와 비교	
A5, B5, C5, D5, E5 는 F5 와 비교	
A6, B6, C6, D6, E6 는 F6 과 비교	**결론** : F는 변하지 않게 해야 하므로
A7, B7, C7, D7, E7 는 F7 과 비교	$를 F 앞에 걸어두어야 변하
A8, B8, C8, D8, E8 는 F8 과 비교	지 않게 됩니다.
A9, B9, C9, D9, E9 는 F9 와 비교	

04 셀 서식 대화상자에서 **채우기** 탭을 클릭한 후 **녹색**을 선택한 후 **확인**을 선택합니다.

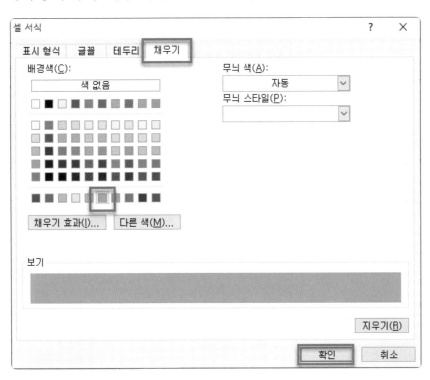

05 다시 대화상자로 돌아오면 확인 버튼을 누르면 아래와 같은 결과를 얻을 수 있습니다.

	이름	1차서류	2차필기	3차면접	총점	평균
3	이름	1차서류	2차필기	3차면접	총점	평균
4	김송인	80	46	95	221	73.7
5	김송인	50	70	75	195	65.0
6	김수철	85	70	65	220	73.3
7	나문이	46	85	80	211	70.3
8	마상태	80	65	90	235	78.3
9	박민중	65	95	90	250	83.3
10	박민중	98	78	40	216	72.0
11	박상중	95	95	100	290	96.7
12	박상중	78	75	46	199	66.3
13	송선아	95	75	70	240	80.0
14	이명수	89	90	78	257	85.7
15	이명수	45	40	50	135	45.0
16	이승철	70	85	78	233	77.7
17	이지헌	40	90	95	225	75.0
18	전미수	75	78	95	248	82.7
19	정수남	45	65	85	195	65.0
20	정수남	56	80	70	206	68.7
21	최성수	75	95	85	255	85.0
22	최은지	85	89	70	244	81.3

🖱 조건부 서식을 이용한 등락그래프

전일 대비 업종별 시세표

업종명	전일대비	전일대비 등락현황				등락그래프
		전체	상승	보합	하락	
IT 반도체	0.58%	58	26	5	27	
기계/장비	0.48%	118	44	10	64	
IT 부품	0.37%	90	40	7	43	
소프트웨어	0.28%	56	24	6	26	
정보기기	0.22%	33	11	3	19	
디지털컨텐츠	0.17%	22	9	0	13	
유통	0.16%	112	39	12	61	
컴퓨터서비스	-0.20%	59	18	7	34	
비금속	-0.38%	41	13	8	20	
통신/장비	-0.44%	99	30	12	57	
목재		41			23	
화학	-0.81%		42	11		
보험업	-0.82%	14	3	3	8	
섬유,의류	-0.93%	68	22	6	40	
전기가스업	-1.46%	10	1	2	7	
은행	-1.55%	7	0	0	7	
의약품	-1.59%	72	11	4	57	
인터넷	-1.71%	13	2	0	11	
출판	-1.78%	18	4	1	13	
증권	-1.83%	31	2	1	28	
건설업	-2.64%	70	9	9	52	

01 [시세표] 시트를 선택한 후 C4:C32셀을 범위로 지정한 후 마우스 오른쪽 단추를 눌러서 **복사하기**를 합니다.

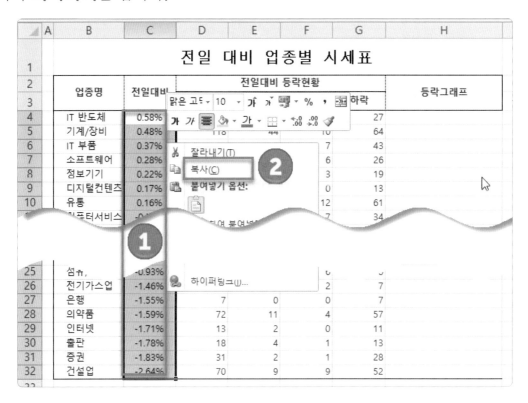

02 H4셀에 **붙여넣기**를 한 후 **셀 서식**에서 표시형식을 **일반**으로 변경합니다.

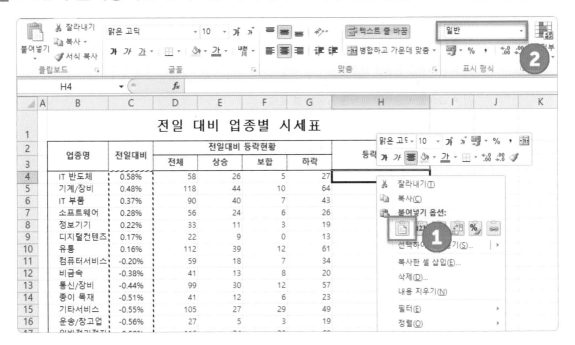

03 H4:H10까지 양수만 범위로 설정한 후 **조건부 서식 – 데이터 막대 – 기타 규칙**을 선택합니다.

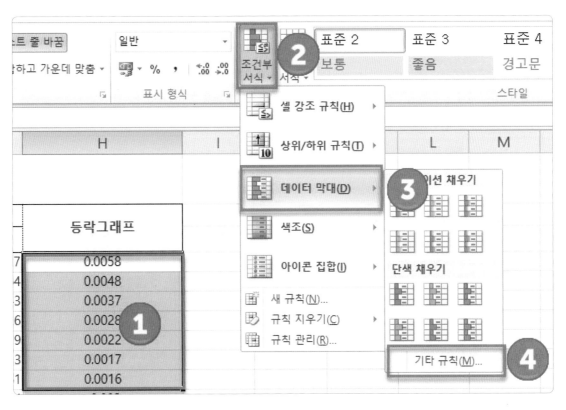

04 **새 규칙 서식** 대화상자에서 **막대만 표시**를 체크한 후 가장 짧은 막대의 종류를 **숫자**로 값은 "0"을 입력한 후 **확인**을 클릭합니다.

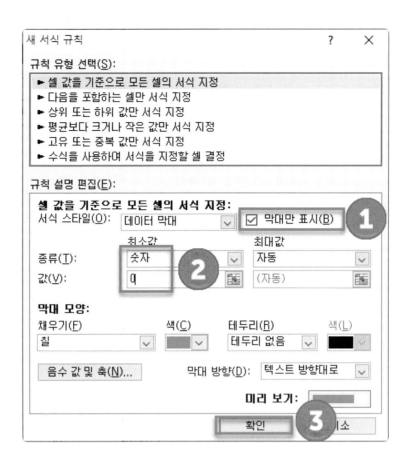

05 H11:H32까지 음수만 범위를 설정한 후 **조건부 서식 − 데이터 막대 − 기타 규칙**을 선택합니다.

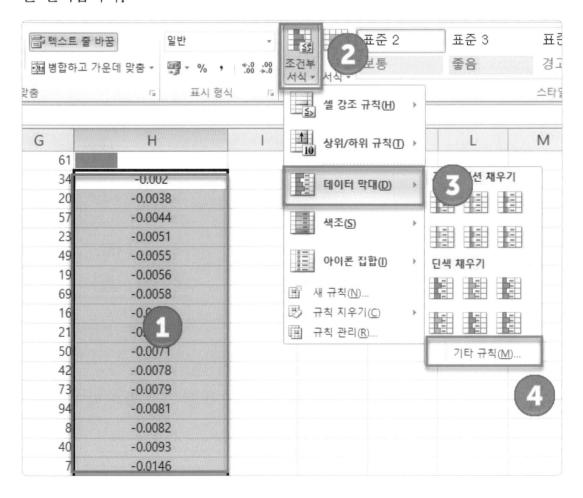

06 **새 규칙 서식** 대화상자에서 **막대만 표시**를 체크한 후 최소값은 **숫자**로 정한 후 값
칸에 클릭한 후 셀 "0"을 입력하고 최대값에는 **수식**으로 정한 후 값 칸에 클릭한 후
C32셀을 클릭한 후 막대 색을 빨간색으로 지정한 후 막대방향은 **오른쪽에서 왼쪽**
을 선택한 후 **확인**을 클릭합니다.

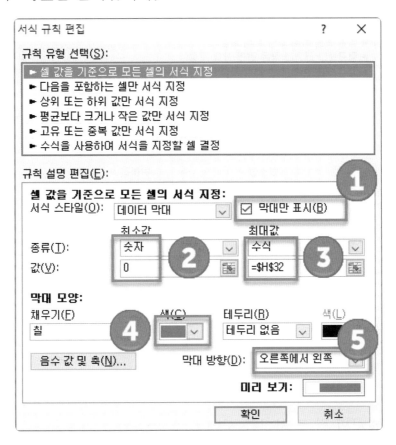

07 결과를 확인했으면 그래프가 적용된 셀 범위중 빨간 막대로 표시된 셀 아무 셀에나
클릭을 한 후 **조건부 서식 – 규칙 관리**를 차례대로 클릭한 후 아래의 **조건부 서식
규칙 관리자** 대화상자가 표시되면 **데이터 막대**를 클릭한 후 **규칙 편집**을 클릭해서
수정작업을 진행합니다.

08 채우기를 **그라데이션 채우기**로 변경한 후 **확인**을 클릭한 후 다시 원래의 **조건부 서식 규칙관리자** 대화상자에서 **확인**을 클릭합니다.

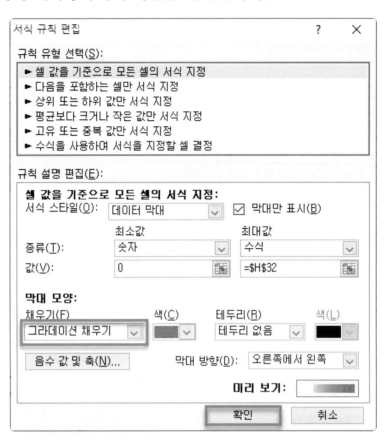

09 파란 막대로 표시된 셀 중 하나를 선택한 후 위 8번의 과정을 진행한 후 결과는 아래와 같이 변경됩니다.

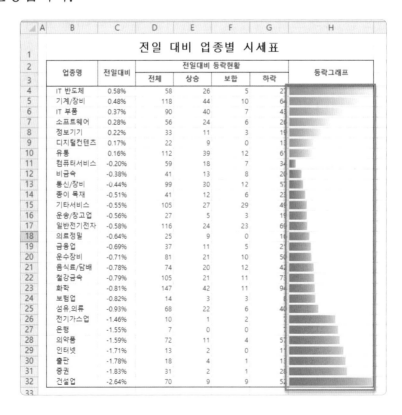

01 [데이터유효성검사] 시트를 선택한 후 D4셀에 데이터 유효성 검사를 적용한 곳을 클릭해서 **영업1부**를 선택합니다. B7:I16 셀을 범위로 지정한 후 **홈 – 조건부서식 – 새 규칙**을 차례대로 선택합니다.

02 수식을 사용하여 서식을 지정할 셀 결정을 선택한 후 수식을 =$C7=$D$4로 입력한 후 **서식** 버튼을 클릭합니다.

03 **셀 서식** 대화상자에서 **채우기** 탭을 클릭한 후 **노란색**을 선택한 후 **확인**을 클릭해서 **새 서식규칙** 대화상자로 되돌아 오면 다시 확인 버튼을 클릭합니다.

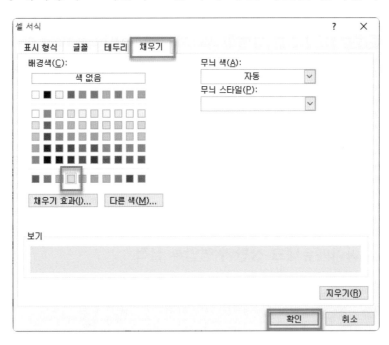

04 D4셀의 내용을 **영업2부**로 변경해 보면 자동으로 영업2부에 해당하는 직원만 조건 부 서식이 적용되는 것을 확인할 수 있습니다.

CHAPTER 07 ▶ 다양한 차트 만들기

1. 차트 형태
2. 혼합형 차트 만들기
3. 기타항목 차트 만들기
4. 끊어진 선 연결하기

CHAPTER 07-1 차트 작업 전 고려하기 ▶▶▶

어떠한 정보를 차트로 만들 때 '어떤 차트를 선택할 것인가'를 먼저 생각하지만 그 이전에 **'내가 무엇을 말하고자 하는가'**, 즉 보여주고 전달하고 싶은 메시지가 무엇인지 먼저 생각해야 합니다. 어떤 차트를 사용할 것인가는 '내가 말하고자 하는 것이 무엇인가?'에 의해 결정됩니다. 차트는 메시지 전달을 돕기 위한 보조 수단일 뿐입니다.

1단계 : 전달하고자 하는 메시지를 결정하라
2단계 : 비교 유형을 파악하라
3단계 : 차트 형태를 선택하라

🖱 차트 형태

막대 차트	데이터 값의 많고 적음을 비교할 때 사용
꺾은 선 차트	일정 기간에 따른 데이터 값의 변화를 분석할 때 사용
원형 차트	전체에 대한 항목별 비율을 보여줄 때 사용
혼합 차트	막대, 꺾은 선, 원형을 혼합해서 만든 차트
이중축 차트	혼합 차트를 사용할 때 값의 차이가 많이 날 때 보조 축을 사용한 차트

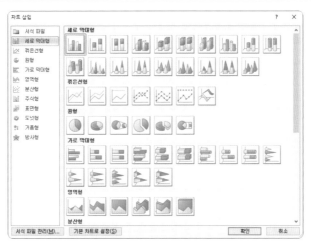

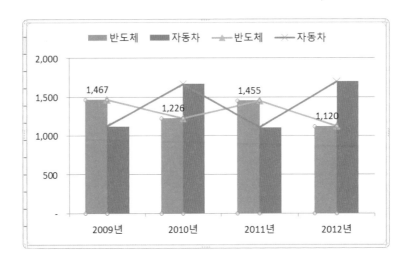

🖱 막대 차트

01 다운로드한 예제폴더(엑셀활용)에서 CHAPTER07.xlsx를 불러온 후 [막대꺾은선] 시트를 선택합니다.

02 B3:F5를 범위로 지정한 후 **삽입**에서 **세로막대형**을 눌러서 **묶은 세로막대형**을 선택합니다.

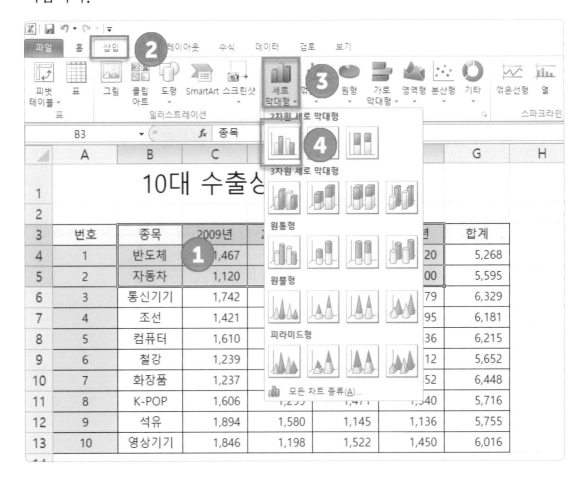

03 레이아웃 메뉴를 클릭한 후 **범례**를 클릭해서 **위쪽에 범례표시**를 클릭합니다.

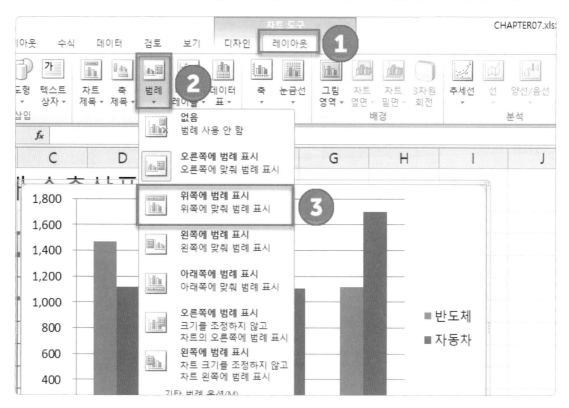

04 y값 축의 간격을 500, 최대값은 2,000으로 설정하기 위해 **축 – 기본 세로 축 – 기 타 기본 세로 축 옵션**을 차례대로 클릭합니다.

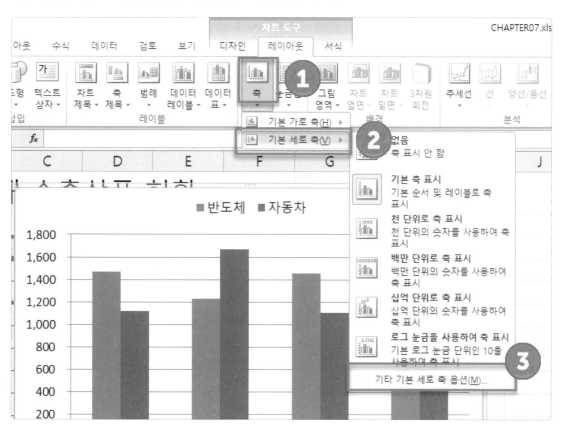

05 **축 옵션** 탭에서 최소값을 **고정**을 클릭하면 **0.0**이 자동으로 입력되며, 최대값을 **고 정**을 선택한 후 **2000**을 입력하고, 주 단위는 **고정**을 선택한 후 **500**을 입력한 다음 **닫기**를 클릭합니다.

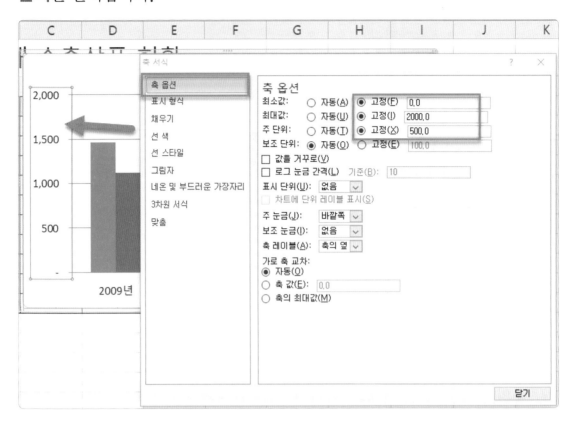

06 아래와 같이 범례가 위로 표시되고, Y값 축이 500간격으로 최대값이 2000으로 표 현된 막대차트가 만들어집니다.

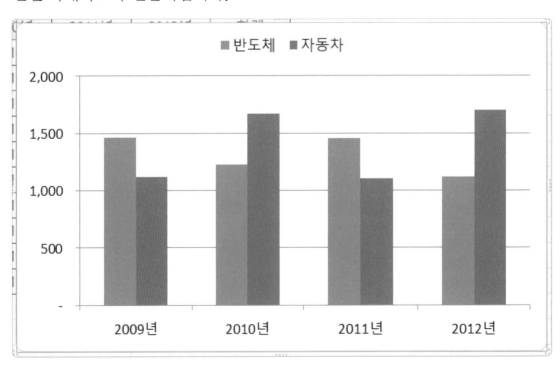

🖱 꺾은선이 포함된 차트 만들기

01 차트영역에 마우스 오른쪽 단추를 눌러서 **데이터 선택**을 누릅니다.

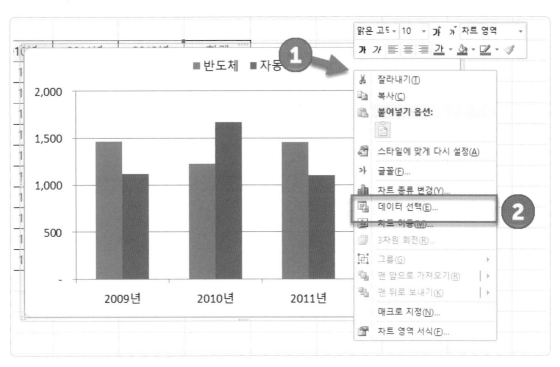

02 **데이터 원본 선택** 대화상자에서 **추가** 버튼을 클릭합니다.

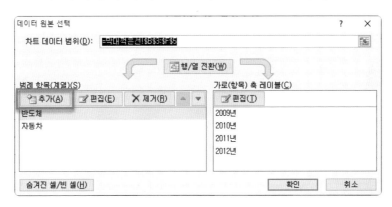

03 **계열 편집** 대화상자에서 계열이름은 B4 셀을 클릭하고, 계열 값의 입력상자에 있는 글자는 지운 후 **=** 를 입력한 후 마우스로 **C4:F4**를 범위로 지정후 [확인]을 클릭합니다.

종목	2009년	2010년	2011년	2012년	합계
반도체	1,467	1,226	1,455	1,120	5,268
자동차	1,120	1,670	1,105	1,700	5,595
통신기기	1,7				
조선	1,421				
컴퓨터	1,610				
철강	1,239				
화장품	1,237	1,610	1,749	1,652	6,448

다양한 차트 만들기

04 추가를 다시 눌러 계열이름에 **자동차**를 계열값은 **=C5:F5**를 위와 같은 방법으로 작
업한 후 **확인**을 누릅니다.

05 추가된 3번째 막대차트 '**반도체**'에 마우스 오른쪽 단추를 눌러서 **계열 차트 종류 변
경**을 클릭한 후 **표식이 있는 꺾은선형**을 설정합니다.

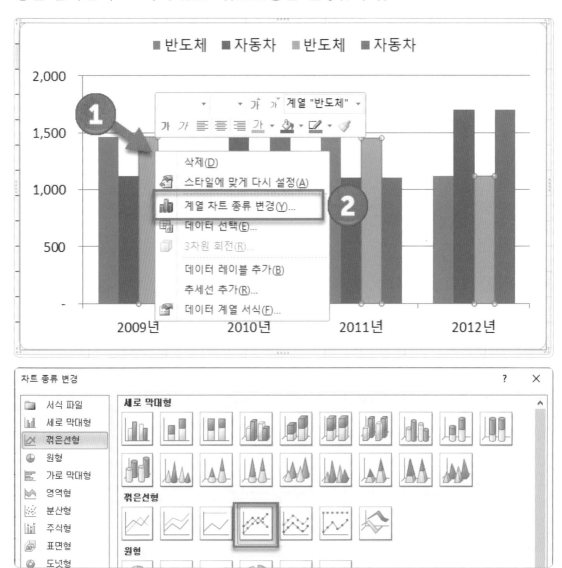

06 동일한 작업을 추가된 4번째 막대차트 '**자동차**'에 마우스 오른쪽 단추를 눌러서 **계열 차트 종류 변경**을 클릭한 후 **표식이 있는 꺾은선형**으로 설정합니다.

07 다음과 같이 3번째, 4번째 추가된 막대차트가 **표식이 있는 꺾은선형**으로 변경된 것을 확인할 수 있습니다.

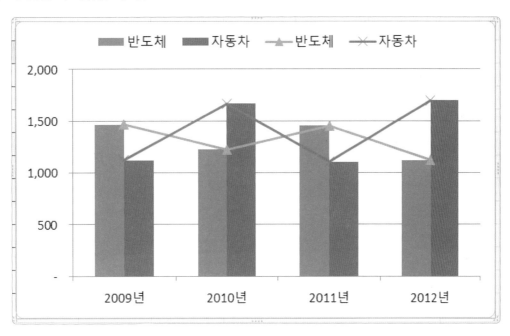

08 첫 번째 막대차트인 '**반도체**'에 마우스 오른쪽 단추를 눌러서 **데이터 레이블 추가**를 표시합니다.

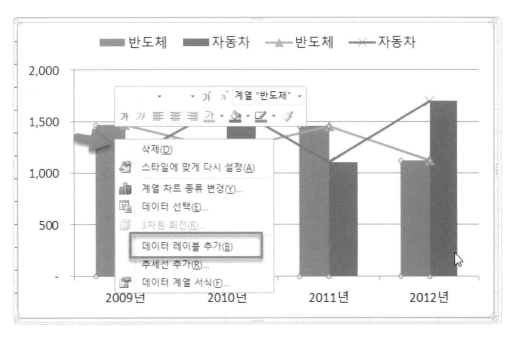

09 차트의 크기를 데이터의 내용에 맞춰 크기를 맞춰 줍니다.

🖱 원형 대 원형 차트

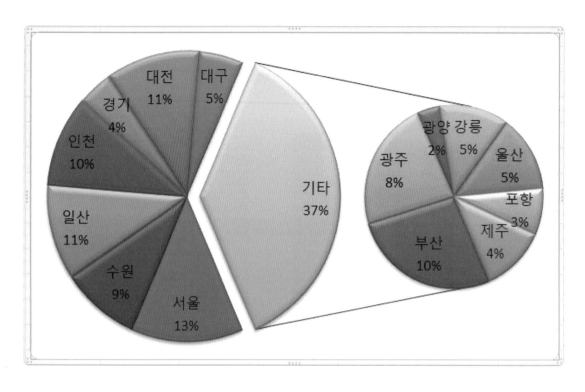

01 [원형대원형] 시트를 선택한 후 A3:A17을 범위로 설정한 후 Ctrl 키를 누른 상태에서 E3:E17을 범위로 지정합니다.

	A	B	C	D	E	F
1						
2						
3	지역	1월	2월	3월	합계	
4	서울	3,700	9,320	5,596	18,616	
5	수원	7,088	455	5,309	12,852	
6	일산	4,	7,	3,240	15,173	
7	인천	3,004	4,740	6,754	14,498	
8	경기		4	2,013	5,664	
9	대전	1,343	5,583	8,735	15,661	
10	대구	5		764	7,248	
11	부산	5,184	908	7,987	14,079	
12	광주	2,500	3,872	5,802	12,174	
13	광양	342	685	1,200	2,227	
14	강릉	780	1,200	4,557	6,537	
15	울산	763	4,411	2,019	7,193	
16	포항	520	1,280	2,500	4,300	
17	제주	1,435	1,261	3,528	6,22	
18						

ctrl을 누른 상태로 범위 설정합니다.

02 삽입 – 원형에서 2차원 원형 중 원형 대 원형을 선택합니다.

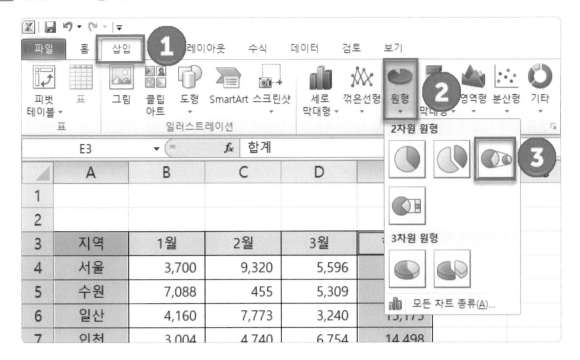

03 차트 레이아웃 – 레이아웃4를 선택합니다.

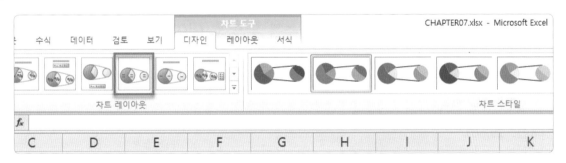

04 차트 스타일에서 스타일26을 선택합니다.

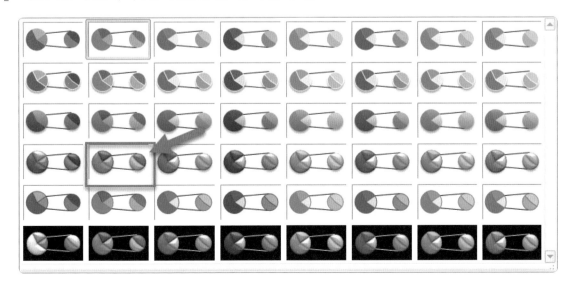

05 기타항목을 클릭한 후 다시 클릭해서 **기타항목**만 선택한 후 드래그해서 오른쪽으로 살짝 꺼내줍니다.

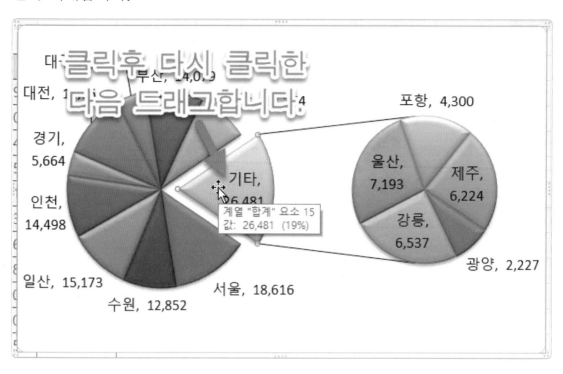

06 조각난 **기타항목**에 마우스 오른쪽 단추를 누른 후 **데이터 계열 서식**을 클릭합니다.

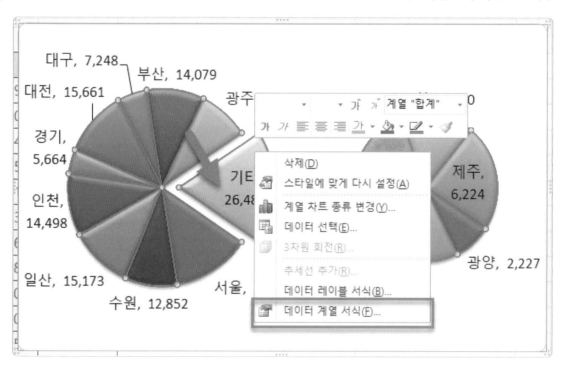

07 **데이터 계열 서식** 대화상자에서 **계열분할**의 둘째 영역에 포함할 마지막 값 5는 그 대로 둡니다. 간격너비는 90%로 정하고 둘째 영역 크기는 40%로 변경해서 차트를 조절해보세요.

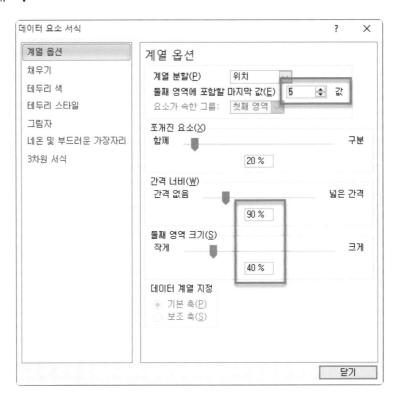

08 차트에 표시된 숫자 값을 데이터 레이블이라고 하는데 **데이터 레이블**에 마우스 오른 쪽단추를 눌러서 **데이터 레이블 서식**을 클릭합니다.

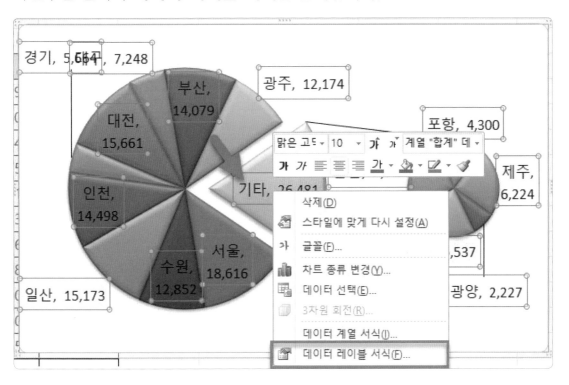

09 데이터 레이블 서식 대화상자에서 **레이블 옵션** 항목에서 다음의 그림대로 **항목이름**
과 **백분율**, **지시선 표시**는 **체크**하고 레이블 위치는 **안쪽 끝에**로 정한 후 **확인**을 클
릭합니다.

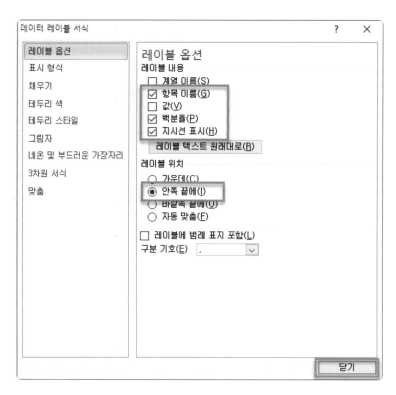

10 아래와 같이 차트 형태가 변경되는데 차트의 크기를 적당하게 조정합니다.

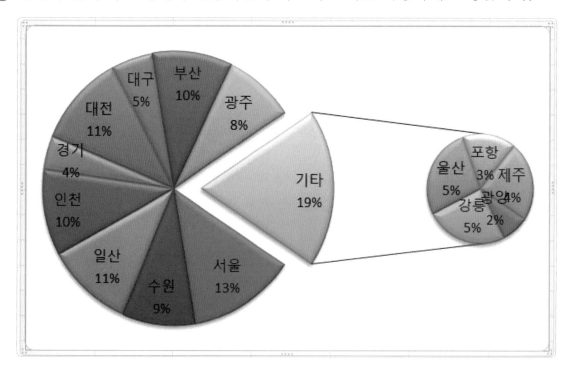

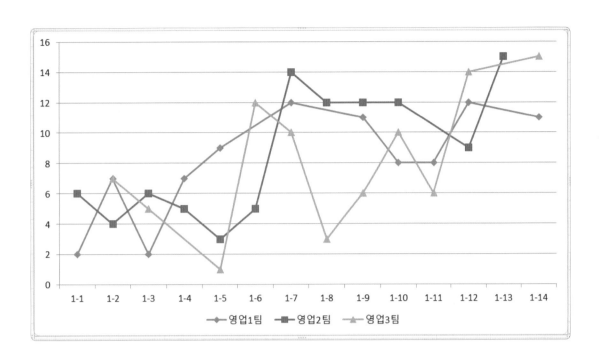

01 [끊어진선] 시트를 선택한 후 비어있는 셀이 있어서 위와 같은 꺾은 선이 끊어지므로 빈셀에 무엇인가를 넣어줘야 합니다.

02 B2:D15를 범위로 지정합니다.

	A	B 영업1팀	C 영업2팀	D 영업3팀	E
1		영업1팀	영업2팀	영업3팀	
2	2012-01-01	2	6		
3	2012-01-02	7	4	7	
4	2012-01-03	2	6	5	
5	2012-01-04	7	5		
6	2012-01-05	9	3	1	
7	2012-01-06		5	12	
8	2012-01-07	12	14	10	
9	2012-01-08		12	3	
10	2012-01-09	11	12	6	
11	2012-01-10	8	12	10	
12	2012-01-11	8		6	
13	2012-01-12	12	9	14	
14	2012-01-13		15		
15	2012-01-14	11		15	
16					

03 **홈 – 찾기 및 선택**을 선택해서 **이동 옵션**을 클릭합니다.

04 **이동 옵션** 대화상자에서 **빈 셀**을 체크한 후 **확인** 버튼을 누릅니다.

05 비어 있는 셀만 선택이 된 것을 확인한 후 **=NA( )**를 입력한 후 Ctrl + Enter 를 눌러 빈 셀에 모두 채워줍니다.

		영업1팀	영업2팀	영업3팀	
2	2012-01-01	2	6	=na()	
3	2012-01-02	7	4	7	
4	2012-01-03	2	6	5	
5	2012-01-04	7	5		
6	2012-01-05	9	3	1	
7	2012-01-06		5	12	
8	2012-01-07	12	14	10	
9	2012-01-08			3	
10	2012-01-09	11	12	6	
11	2012-01-10			10	
12	2012-01-11	8		6	

06 #N/A로 빈셀이 채워졌으면 글꼴 그룹에서 글자색을 '**흰색**'을 선택합니다.

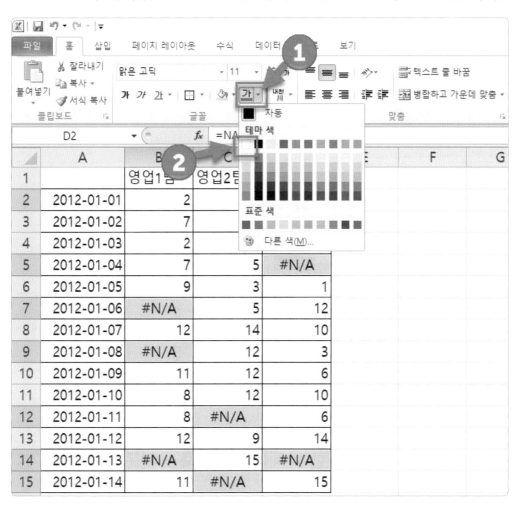

07 A1:D15까지 범위를 지정한 후 **삽입 – 꺾은선형 – 표식이 있는 꺾은선형**을 차례대로 클릭해서 차트를 생성해 줍니다.

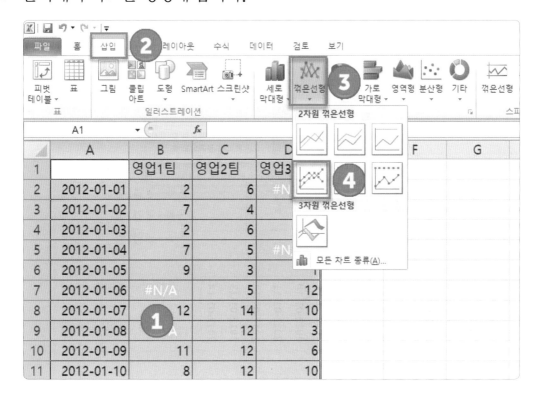

08 레이아웃 메뉴에서 **범례 – 아래쪽에 범례 표시**를 선택합니다.

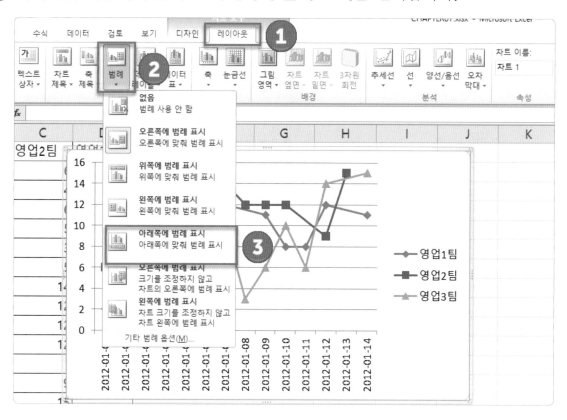

09 차트 크기를 가로로 길게 조절한 후 **레이아웃 – 축 – 기본 가로 축 – 기타 기본 가로 축 옵션**을 차례대로 클릭합니다.

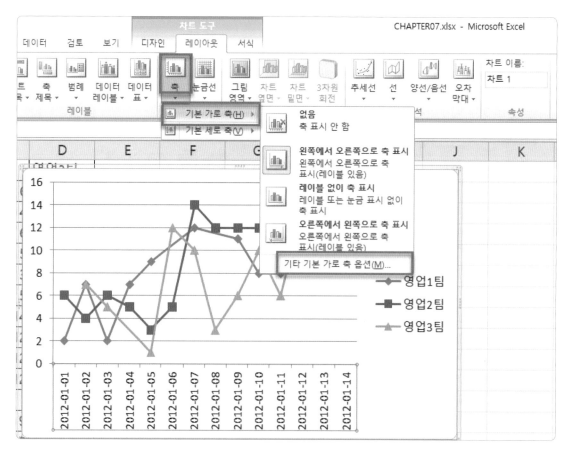

10 **표시형식** 탭을 누른 후 범주는 **날짜**를 선택한 후 서식코드는 **m-d**로 변경한 후 **추가** 버튼을 클릭합니다.

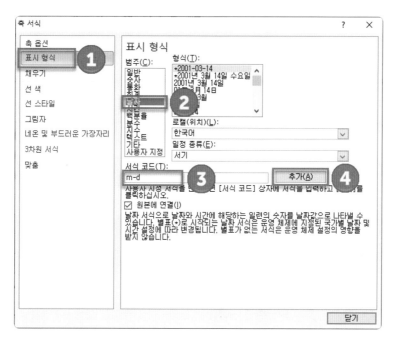

11 아래와 같이 범주가 **사용자 지정**으로 변경되며 형식에 추가된 것을 확인할 수 있습니다. **닫기** 버튼을 클릭해서 대화상자를 빠져나가면 차트의 가로축에 날짜 표시형식이 변경되었습니다.

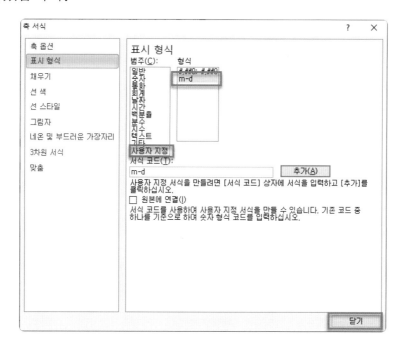

데이터 분석하기

1. 데이터 정렬
3. 고급 필터
2. 데이터 필터링

CHAPTER 08-1 데이터 정렬 ▶▶▶

🖱 사용자 지정 목록으로 정렬하기

01 다운로드한 예제폴더(엑셀활용)에서 CHAPTER08.xlsx를 불러온 후 [데이터정렬] 시트를 선택합니다.

02 파일 – 옵션을 눌러 Excel 옵션 대화상자가 열리면 고급에서 스크롤막대를 가장 아래로 이동한 후 **사용자 지정 목록 편집** 버튼을 클릭합니다.

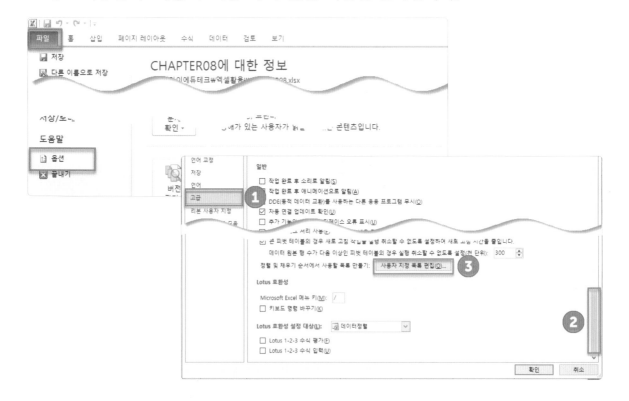

03 목록 항목에 **부장, 차장, 과장, 대리, 사원**을 입력한 다음 **추가**를 클릭한 후 확인을
클릭해서 Excel 옵션 대화상자가 다시 나오면 **확인**을 클릭합니다.

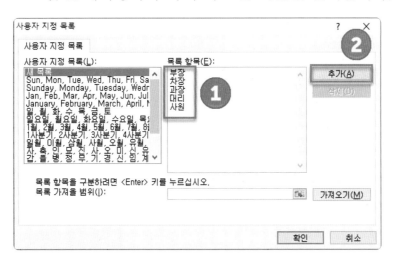

04 **직위** 필드를 클릭한 후 **데이터** 메뉴에서 정렬 및 필터 그룹의 **정렬**을 선택합니다.

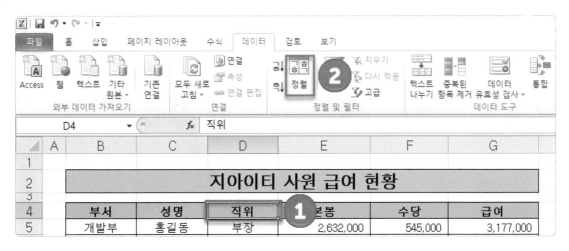

05 정렬 기준 드롭다운 버튼을 클릭한 후 **직위**를 선택한 후 정렬순서의 드롭다운 버튼
을 클릭해서 **사용자 지정 목록**을 선택합니다.

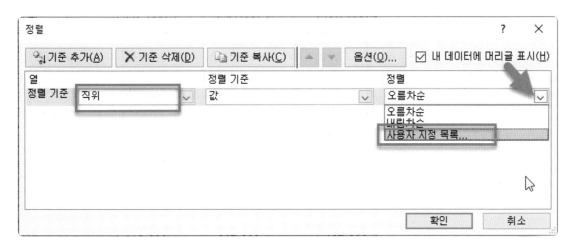

06 사용자 지정 목록에서 추가했던 **부장, 차장, 과장, 대리, 사원** 항목을 선택한 후 **확인**을 차례대로 클릭합니다.

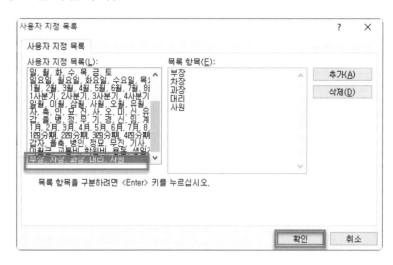

07 정렬 대화상자가 다시 보이면 정렬항목이 사용자 지정 목록으로 표시가 되었으면 **확인**을 클릭합니다.

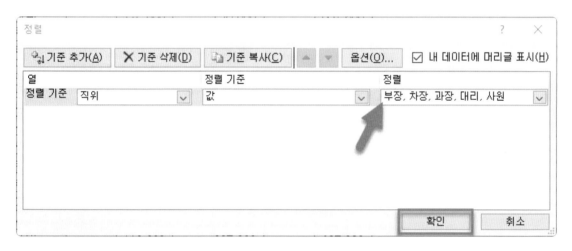

08 직위가 순서대로 정렬된 것을 확인할 수 있습니다.

	부서	성명	직위	본봉	수당	급여
4						
5	개발부	홍길동	부장	2,632,000	545,000	3,177,000
6	업무지원부	양만수	부장	1,932,000	275,000	2,207,000
7	업무지원부	강찬혁	부장	3,132,000	395,000	3,527,000
8	영업부	주현미	부장	2,112,000	315,000	2,427,000
9	총무부	이다해	부장	2,082,000	325,000	2,407,000
10	경영정보팀	오연수	차장	2,488,000	535,000	3,023,000
11	경영정보팀	양광희	차장	3,088,000	325,000	3,413,000
12	총무부	유재석	차장	2,786,000	315,000	3,101,000
13	개발부	진유석	과장	1,882,000	285,000	2,167,000
14	경영정보팀	유진석	과장	1,922,000	435,000	2,357,000

🖱 2개 기준으로 정렬하기

부서별로 오름차순 정렬한 후 같은 부서일 경우 사용자 정의 목록대로 직위를 정렬합니다.

01 첫 번째 정렬기준인 부서 필드인 **B4**셀을 클릭한 후 **데이터 – 정렬**을 선택합니다.

02 첫 번째 정렬 기준으로 **부서**를 선택한 후 정렬기준은 **오름차순**으로 변경한 후 **기준 추가**를 클릭합니다.

03 다음 정렬 기준은 **직위**로 선택한 후 정렬방식은 **사용자 지정 목록**에서 만들어 두었던 **부장, 차장, 과장, 대리, 사원**을 선택한 후 **확인**을 클릭합니다.

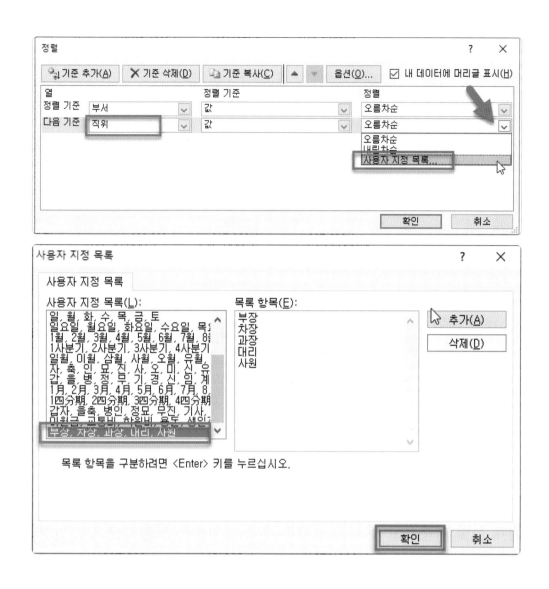

04 정렬 대화상자가 나오면 확인 버튼을 누르면 아래와 같이 정렬된 것을 확인할 수 있습니다.

지아이티 사원 급여 현황					
부서	**성명**	**직위**	**본봉**	**수당**	**급여**
개발부	홍길동	부장	2,632,000	545,000	3,177,000
개발부	진유석	과장	1,882,000	285,000	2,167,000
개발부	이선정	대리	1,712,000	245,000	1,957,000
경영정보팀	오연수	차장	2,488,000	535,000	3,023,000
경영정보팀	양광희	차장	3,088,000	325,000	3,413,000
경영정보팀	유진석	과장	1,922,000	435,000	2,357,000
경영정보팀	이효리	대리	1,032,000	535,000	1,567,000
경영정보팀	현진아	사원	1,362,000	385,000	1,747,000
경영정보팀	성수진	사원	1,232,000	445,000	1,677,000
경영정보팀	정형돈	사원	1,132,000	365,000	1,497,000
업무지원부	양만수	부장	1,932,000	275,000	2,207,000

■ 정렬을 하는 이유는 빨리 찾기 위한 것도 있지만 내용의 그룹화가 더 중요합니다.

📍 범위로 설정한 영역만 정렬하기

01 [사용자정렬] 시트를 불러온 온 후 아래와 같은 자료를 확인합니다.

	A	B	C	D	E	F	G	H
1								
2								
3								
4			1회	2회	3회	4회	5회	
5		배수지	33	22	32	36	17	
6		김은정	16	20	18	31	21	
7		한지민	29	41	38	36	43	
8		이지은	26	45	41	36	45	
9								
10								
11								

02 배수지의 1회부터 5회인 **C5:G5**의 셀을 범위로 지정합니다.

	A	B	C	D	E	F	G
1							
2							
3							
4			1회	2회	3회	4회	5회
5		배수지	33	22	32	36	17
6		김은정	16	20	18	31	21
7		한지민	29	41	38	36	43
8		이지은	26	45	41	36	45
9							
10							

03 데이터 – 정렬을 차례대로 클릭하면 정렬 경고 창이 나옵니다. 이때 **현재 선택 영역으로 정렬**을 클릭한 후 **정렬** 버튼을 클릭합니다.

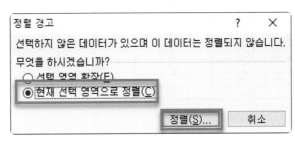

04 **옵션** 버튼을 클릭하면 정렬 옵션 대화상자가 나오는데 여기서는 **왼쪽에서 오른쪽**을
선택한 후 확인을 누릅니다.

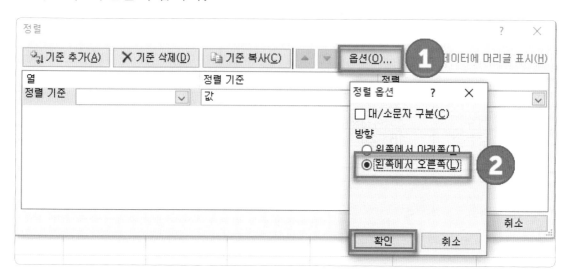

05 정렬기준을 클릭해서 행5로 선택한 후 **확인**을 클릭합니다. 만일 정렬 기준이 표시되
어 있지 않으면 **기준 추가** 버튼을 클릭한 후 작업을 진행합니다.

06 배수지 학생의 1회부터 5회까지의 점수가 오름차순으로 정렬이 된 것을 알 수 있습
니다.

	A	B	C	D	E	F	G
1							
2							
3							
4			1회	2회	3회	4회	5회
5		배수지	17	22	32	33	36
6		김은정	16	20	18	31	21
7		한지민	29	41	38	36	43
8		이지은	26	45	41	36	45
9							

🖱 틀 고정하기

01 다운로드한 예제폴더(엑셀활용)에서 **CHAPTER08.xlsx**를 불러온 후 **[2019로또]** 시트를 선택합니다.

02 D5셀에 클릭한 후 **보기 – 틀 고정 – 틀 고정**을 차례대로 선택합니다.

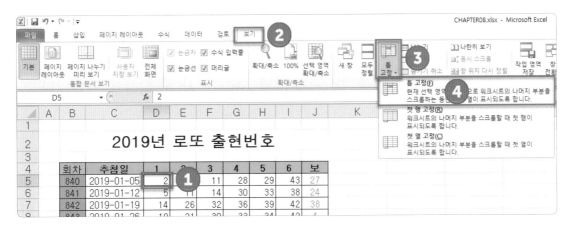

틀 고정을 해 두면 마우스 휠이나 스크롤 바를 이용하여 다른 셀로 이동을 하더라도 필드명과 회차, 추첨일은 그대로 고정되어서 입력이나 편집 작업이 편리합니다.

03 `Ctrl` + `End` 를 누르면 데이터가 입력된 마지막 셀로 이동을 하지만, 필드의 제목은 그대로 보이고 있습니다.

	A	B	C	D	E	F	G	H	I	J	K
1											
2			2019년 로또 출현번호								
3											
4		회차	추첨일	1	2	3	4	5	6	보	
45		880	2019-10-12	7	17	19	23	24	45	38	
46		881	2019-10-19	4					32	9	
47		882	2019-10-26	18		39	43	44	45	23	
48		883	2019-11-02	9	13	32	20	37	44	22	
49		884	2019-11-09		2	2			45	17	
50		885	2019-11-16	1	3	24	27	39	45	31	
51		886	2019-11-23	19	23	28	37	42	45	2	
52		887	2019-11-30	8	14	17	27	36	45	10	
53		888	2019-12-07	3	7	12	31	34	38	32	
54		889	2019-12-14	3	13	29	38	39	42	26	
55		525	2012-12-22	11	23	26	29	39		22	
56		526	2012-12-29	7	14	17	20	35	39	41	
57											

조건부 서식 적용하기

회차	추첨일	1	2	3	4	5	6	보
840	2019-01-05	2	4	11	28	29	43	27
841	2019-01-12	5	11	14	30	33	38	24
842	2019-01-19	14	26	32	36	39	42	38
843	2019-01-26	19	21	30	33	34	42	4
844	2019-02-02	7	8	13	15	33	45	18
845	2019-02-09	1	16	29	33	40	45	6
846	2019-02-16	5	18	30	41	43	45	13
847	2019-02-23	12	16	26	28	30	42	22
848	2019-03-02	1	2	16	22	38	39	34
849	2019-03-09	5	13	17	29	34	39	3
850	2019-03-16	16	20	24	28	36	39	5
851	2019-03-23	14	18	22	26	31	44	40

1 - 10 노란색
11 - 20 주황색
21 - 30 녹색
31 - 40 파란색
41 - 45 회색

01 D5:I54까지 범위를 지정한 후 **홈 – 조건부 서식 – 새 규칙**을 클릭합니다.

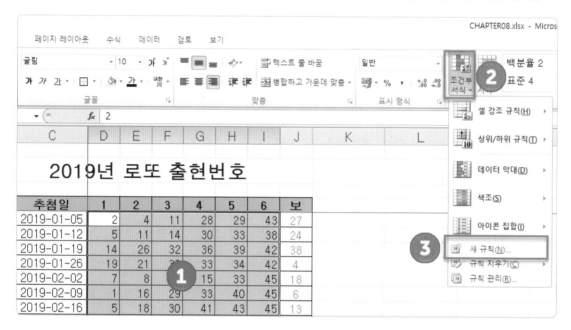

02 **새 서식 규칙** 대화상자에서 다음을 포함하는 **셀만 서식지정 – 1** 그리고 **10**을 입력한 후 **서식**을 클릭합니다.

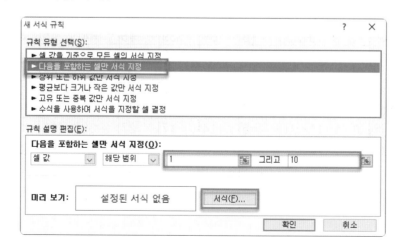

108

03 **채우기** 탭을 선택한 후 노란색을 선택한 다음 **확인**을 클릭한 후 **새 서식 규칙** 대화
상자가 나오면 **확인**을 클릭해서 결과를 확인합니다.

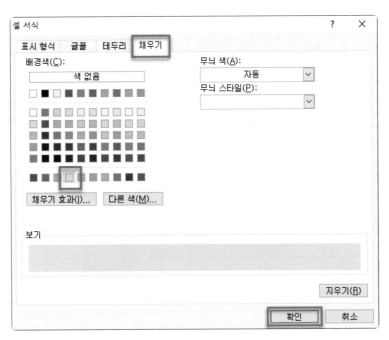

04 동일한 방법으로 D5:I54을 범위로 지정된 상태에서 조건부 서식을 이용하여 11~20
은 **주황색**, 21~30은 **녹색**, 31~40은 **하늘색**, 41~45는 **회색**으로 설정합니다. 아
래의 그림은 조건부 서식 – 규칙 관리를 차례대로 누르면 나오게 됩니다.

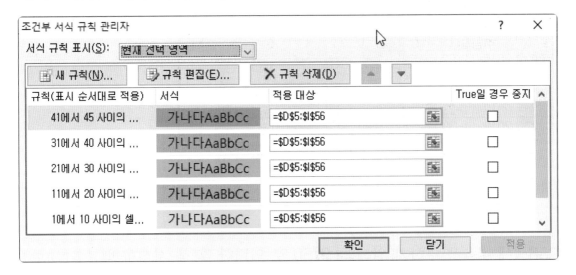

🖱 자동필터와 SUBTOTAL( )

출현 비율을 알아내기 위하여 마지막 라인에 전체 레코드 개수와 비율을 계산합니다.

01 [2019로또] 시트를 열어서 K2셀에 "**개수**", B56셀에 "**비율**"이란 글자를 입력합니다.

◢	A	B	C	D	E	F	G	H	I	J	K	L
1												
2				**2019년 로또 출현번호**							개수	
3												
4		회차	추첨일	1	2	3	4	5	6	보		
51		886	2019-11-23	19	23	28	37	42	45	2		
52		887	2019-11-30	8	14	17	27	36	45	10		
53		888	2019-12-07	3	7	12	31	34	38	32		
54		889	2019-12-14	3	13	29	38	39	42	26		
55		525	2012-12-22	11	23	26	29	39	44	22		
56		526	2012-12-29	7	14	17	20	35	39	41		
57												
58		비율										
59												
60												

02 L2셀에 개수를 구하는 함수 **=COUNTA(C5:C54)**을 입력해서 개수를 표시합니다.

B	C	D	E	F	G	H	I	J	K	L
		2019년 로또 출현번호							개수	=COUNTA(C5:C54)
회차	추첨일	1	2	3	4	5	6	보		
883	2019-11-02	9	18	32	33	37	44	22		
884	2019-11-09	4	14	23	28	37	45	17		
885	2019-11-16	1	3	24	27	39	45	31		
886	2019-11-23	19	23	28	37	42	45	2		
887	2019-11-30	8	14	17	27	36	45	10		
888	2019-12-07	3	7	12	31	34	38	32		
889	2019-12-14	3	13	29	38	39	42	26		
비율										

03 C56셀에 비율을 구하기 위해 **=L2/50** 로 입력한 후 셀 서식을 백분율(%)로 설정합니다.

회차	추첨일	1	2	3	4	5	6	보
886	2019-11-23	19	23	28	37	42	45	2
887	2019-11-30	8	14	17	27	36	45	10
888	2019-12-07	3	7	12	31	34	38	32
889	2019-12-14	3	13	29	38	39	42	26
비율	=L2/50							

04 C56셀의 채우기 포인터를 J58 셀까지 드래그해서 자동 채우기를 하면 나온 결과를 보면 100%가 아니라 0%로 나옵니다.

	A	B	C	D	E	F	G	H	I	J	K	L
1												
2			2019년 로또 출현번호								개수	50
3												
4		회차	추첨일	1	2	3	4	5	6	보		
48		883	2019-11-02	9	18	32	33	37	44	22		
49		884	2019-11-09	4	14	23	28	37	45	17		
50		885	2019-11-16	1	3	24	27	39	45	31		
51		886	2019-11-23	19	23	28	37	42	45	2		
52		887	2019-11-30	8	14	17	27	36	45	10		
53		888	2019-12-07	3	7	12	31	34	38	32		
54		889	2019-12-14	3	13	29	38	39	42	26		
55												
56		비율	100%	0%	0%	0%	0%	0%	0%	0%		
57												

05 C56셀을 =$L2/50로 수정해서 자동채우기를 합니다.

	A	B	C	D	E	F	G	H	I	J	K	L
1												
2			2019년 로또 출현번호								개수	50
3												
4		회차	추첨일	1	2	3	4	5	6	보		
48		883	2019-11-02	9	18	32	33	37	44	22		
49		884	2019-11-09	4	14	23	28	37	45	17		
50		885	2019-11-16	1	3	24	27	39	45	31		
51		886	2019-11-23	19	23	28	37	42	45	2		
52		887	2019-11-30	8	14	17	27	36	45	10		
53		888	2019-12-07	3	7	12	31	34	38	32		
54		889	2019-12-14	3	13	29	38	39	42	26		
55												
56		비율	=$L2/50	0%	0%	0%	0%	0%	0%	0%		
57												

06 B4셀에 클릭한 후 **데이터** 탭에서 **필터**를 클릭해서 자동필터링 작업을 실행합니다.

07 **추첨일** 필터버튼을 클릭해서 **1월**만 체크하고 나머지는 해제합니다.

08 L2셀의 값은 아직도 50으로 화면에 4개의 레코드만 있으므로 4가 표시되어야 하는데 =counta( ) 함수는 화면에 보이지 않아도 범위에 있는 개수를 모두 카운트 해줍니다.

	A	B	C	D	E	F	G	H	I	J	K	L
1												
2			2019년 로또 출현번호								개수	50
3												
4		회차 ▼	추첨일 ▾	1 ▼	2 ▼	3 ▼	4 ▼	5 ▼	6 ▼	보 ▼		
5		840	2019-01-05	2	4	11	28	29	43	27		
6		841	2019-01-12	5	11	14	30	33	38	24		
7		842	2019-01-19	14	26	32	36	39	42	38		
8		843	2019-01-26	19	21	30	33	34	42	4		
55												
56		비율	100%	100%	100%	100%	100%	100%	100%	100%		
57												

09 L2의 함수를 =SUBTOTAL(3,C5:C54)으로 수정한 후 Enter 를 누르면 4가 나오게 되는데 =subtotal( ) 함수는 화면에 보이는 내용만 카운트를 합니다. 3은 counta( ) 함수를 의미합니다.

fx	=SUBTOTAL(3,C5:C54)							
	D	E	F	G	H	I	J	K	L	M

9년 로또 출현번호   개수   4

1 ▼ 2 ▼ 3 ▼ 4 ▼ 5 ▼ 6 ▼ 보 ▼

🖰 출현 빈도수 알아보기

01 데이터 – 지우기를 클릭해서 1월로 필터링된 것을 해제합니다.

추첨일로 필터링 된 버튼을 클릭해서 해제할 수도 있습니다.

02 D5:J54를 범위로 지정한 후 **"전체번호"**라고 이름을 정의합니다.

회차	추첨일	1	2	3	4	5	6	보
884	2019-11-09	4	14	23	28	37	45	17
885	2019-11-16	1	3		28		45	31
886	2019-11-23	19	23	28	37	42	45	2
887	2019-11-30	8				42	45	10
888	2019-12-07	3						32
889	2019-12-14	3	13	29	38	39	42	26

데이터 문석하기

03 새로운 시트를 하나 추가한 후 세로로 1부터 45까지 A2:A46에 입력한 후 B2셀에 =COUNTIF(전체번호,A2)를 입력한 후 자동 채우기를 합니다.

번호	출현회수
1	5
2	9
3	9
4	8
5	7
6	5
7	5
8	6
9	
10	6
37	5
38	12
39	14
40	6
41	5
42	10
43	13
44	8
45	10

04 B2:B46의 출현회수 열의 너비를 아래의 그림처럼 넓게 조정한 후 **조건부 서식 – 데이터 막대**로 표시해 보세요. 최소값은 숫자로 0을, 최대값은 자동으로, 채우기는 빨간 그라데이션 채우기를 지정합니다.

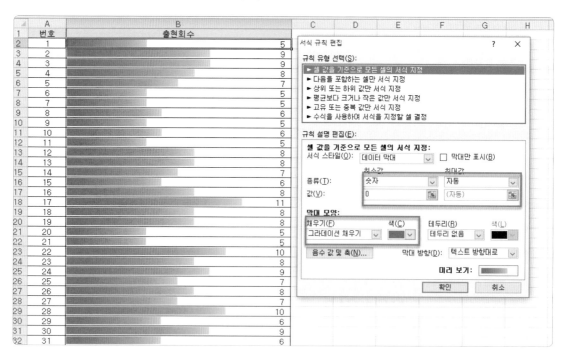

엑셀은 조건을 사용하는 조건 함수가 다양하게 있는데 대표적인 함수는 IF( )입니다. 조건이 두 가지 이상일 경우에 사용하는 함수가 필요하게 되었는데 AND( ), OR( ) 함수가 그 대표적인 함수입니다.

🖱 AND 함수

AND 함수는 두 개 이상의 조건이 모두 참일 때 실행하는 수식(값)과 거짓일 때 실행하는 수식(값)을 표시하도록 하는 함수로 실 예를 따라 해보도록 합니다. 학교는 **고려**이면서, 학과는 **체육교육과**이면서 학점이 **3.5이상**인 학생을 찾아내는 것이 AND 조건입니다.

01 다운로드한 예제폴더(엑셀활용)에서 CHAPTER08.xlsx를 불러온 후 [**고급필터**] 시트를 선택합니다.

02 G2:I3 셀에 아래와 같이 조건을 입력합니다.

F	G	H	I	J
	대학교	학과	평균학점	
	고려	체육교육과	>=3.5	

03 A2셀을 선택한 상태에서 **데이터 – 고급**을 차례대로 클릭합니다.

	A	B	C	D	E	F	G
1							
2	대학교	학과	성명	학년	평균학점		대학교
3	한양	의예과	박진영	3	4.3		고려
4	고려	체육교육과	양현석	1	3.4		
5	연세	의예과	권보아	3	3.4		
6	서강	산업디자인과	방예담	3	3.4		
7	한양	체육교육과	김수철	3	3.3		
8	연세	컴퓨터공학과	김새롬	2	3.5		

04 고급 필터 대화상자가 나오면 **다른 장소에 복사**를 선택합니다.

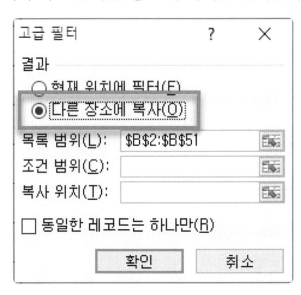

05 필터링 자료가 있는 **목록 범위**를 지정해야 하는데 $A$2:$E$51까지 셀의 범위를 지정하려면 ❶목록 범위를 선택한 후 글자를 모두 지운 후 ❷A2셀을 클릭한 후 ❸ Ctrl + A 를 누릅니다.

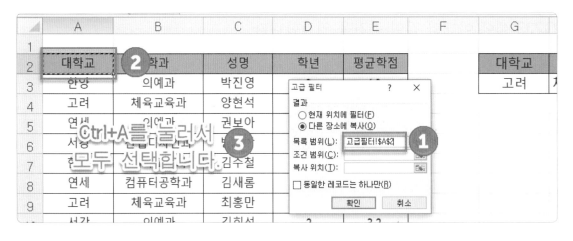

06 **조건 범위** 칸에 클릭을 한 후 [G2:I3] 범위를 마우스로 드래그하여 선택합니다.

07 복사 위치 칸에 클릭한 후 [G5]셀에 클릭한 후 [확인]을 누릅니다.

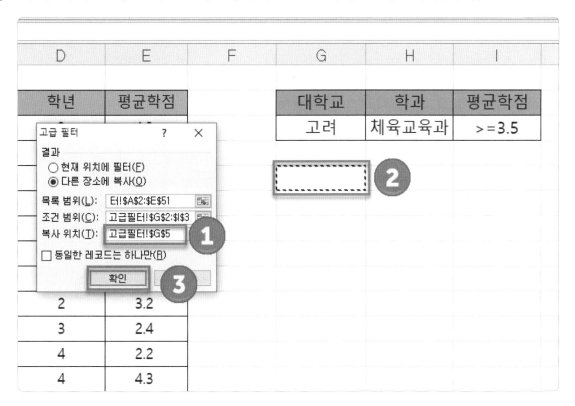

08 아래와 같이 조건에 맞는 내용이 추출되었습니다.

E	F	G	H	I	J	K
평균학점		대학교	학과	평균학점		
4.3		고려	체육교육과	>=3.5		
3.4						
3.4		대학교	학과	성명	학년	평균학점
3.4		고려	체육교육과	손예진	1	4.1
3.3						
3.5						
2.9						
3.2						
2.4						

🖱 OR 조건

OR 조건은 두 가지 이상의 조건 중 단 한 가지라도 참이 있는지, 있으면 수식이나 값을 표시하게 됩니다. A, B, C라는 조건이 있을 때 이 세 가지 중 하나라도 만족하면 된다는 뜻입니다. 아래와 같이 학교가 **고려**이면서(AND) 학과는 **체육교육과**이거나(OR) 학점 **4.5 이상**인 학생을 추출하는 논리연산 함수입니다.

01 추출된 내용이 있는 G5:K6셀을 범위를 지정한 후 마우스 오른쪽 단추를 눌러서 **삭제**를 클릭한 후 **셀을 위로 밀기**를 클릭합니다.

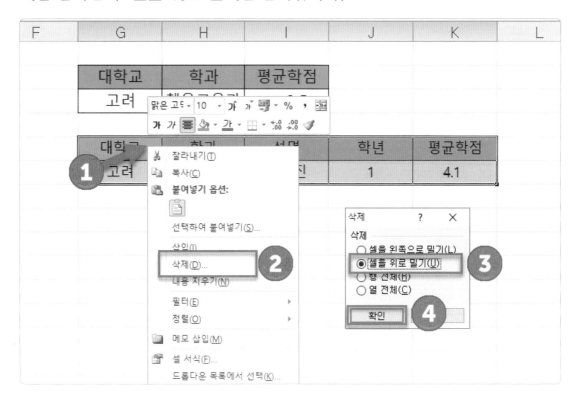

02 G2:I4셀에 아래와 같이 조건을 입력합니다.

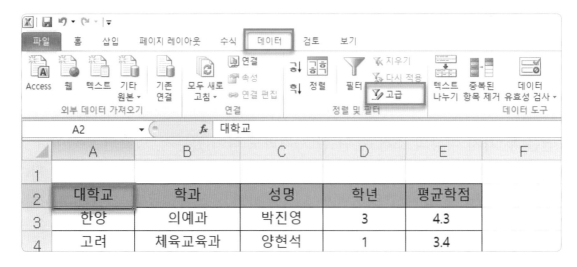

03 필터링할 데이터가 있는 A2셀을 선택한 후 **데이터 – 고급**을 선택합니다.

04 고급 필터 대화상자가 나오면 **다른 장소에 복사**를 선택합니다.

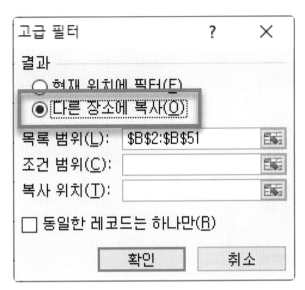

05 필터링 자료가 있는 **목록 범위**를 지정해야 하는데 $A$2:$E$51까지 셀의 범위를 지정하려면 ❶**목록 범위**를 선택한 후 글자를 모두 지운 후 ❷A2셀을 클릭한 후 ❸ Ctrl + A 를 누릅니다.

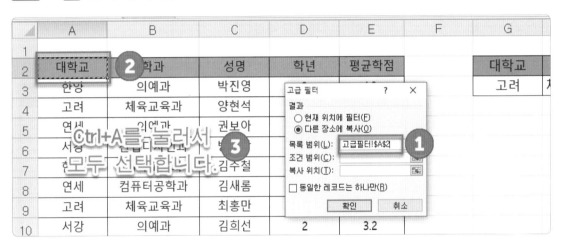

06 조건 범위 칸에 클릭을 한 후 [G2:I4]범위를 마우스로 드래그하여 선택합니다.

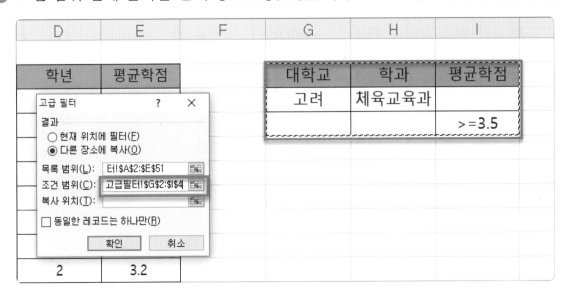

07 복사 위치 칸에 클릭한 후 [G6]셀에 클릭한 후 [확인]을 누릅니다.

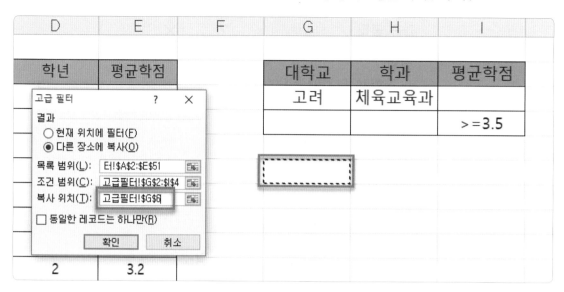

08 아래와 같이 조건에 맞게 내용이 추출되었습니다.

평균학점		대학교	학과	평균학점		
4.3		고려	체육교육과			
3.4				>=3.5		
3.4						
3.4		대학교	학과	성명	학년	평균학점
3.3		한양	의예과	박진영	3	4.3
3.5		고려	체육교육과	양현석	1	3.4
2.9		고려	체육교육과	최홍만	2	2.9
3.2		숙명	의예과	황현희	4	4.3
2.4		이화	산업디자인과	이수근	2	3.9
2.2		경기	국어국문과	김영광	4	4.5
4.3		아주	의예과	배철수	3	4.6
3.9		아주	컴퓨터공학과	이승엽	4	3.7
4.5		고려	체육교육과	손예진	1	4.1
4.6		경기	산업디자인과	홍수진	1	3.6
3.5		덕성	의예과	오상열	2	4.2
2.0		수원	체육교육과	조인성	4	4.2
3.7		동아	연극영화과	오준표	3	3.5
2.7		부경	연극영화과	최불암	3	3.8
4.1		동아	산업디자인과	김혜자	3	4.0
1.7		연세	컴퓨터공학과	아이유	4	4.5
3.3		연세	수학교육과	박연하	4	3.5
2.1		서강	연극영화과	김연수	1	4.5
2.9						

09 추출된 결과를 삭제한 후 아래와 같이 조건식을 변경해서 결과를 추출한 후 결과분석을 해 보세요.

	G	H	I	J	K	L
	대학교	학과	평균학점			
	고려		>=3.5			
		체육교육과				

	대학교	학과	성명	학년	평균학점	
	고려	체육교육과	양현석	1	3.4	
	한양	체육교육과	김수철	3	3.3	
	고려	체육교육과	최홍만	2	2.9	
	성신	체육교육과	이의정	4	2.2	
	서강	체육교육과	박찬호	4	3.5	
	고려	체육교육과	손예진	1	4.1	
	연세	체육교육과	이휘향	2	1.4	
	수원	체육교육과	조인성	4	4.2	

10 추출된 결과를 삭제한 후 아래와 같이 조건식을 변경해서 결과를 추출한 후 결과분석을 해 보세요.

	G	H	I	J	K	L
	대학교	학과	평균학점			
	고려					
		체육교육과	>=3.5			

	대학교	학과	성명	학년	평균학점	
	고려	체육교육과	양현석	1	3.4	
	고려	체육교육과	최홍만	2	2.9	
	고려	체육교육과	손예진	1	4.1	
	고려	컴퓨터공학과	박선영	1	2.6	
	수원	체육교육과	조인성	4	4.2	
	고려	수학교육과	이지훈	3	1.2	

1. 부분합
2. 가상분석 – 목표값
3. 가상분석 – 시나리오

CHAPTER 09-1 이중으로 부분합 구하기 ▶▶▶

🖱 2개 기준으로 정렬하기

분류별로 1차로 모은 후 2차적으로 거래처를 모아서 부분합을 구하는 작업을 이중 부분합이라고 합니다.

1 2 3 4	A	B	C	D	E	F	G	H	I
1					1 사 분 기 제 품 판 매 현 황				
2									
3		일자	분류	제품명	거래처	단가	수량	금액	
8					나들가게 요약	59,630	124	2,049,980	
12					상열완구 요약	57,950	50	1,065,240	
18					키티완구 요약	73,810	181	2,876,460	
23					통통마트 요약	79,010	120	2,517,510	
29					플레이센터 요약	79,960	163	2,597,250	
32					하나로마트 요약	50,160	57	1,429,560	
33			놀이완구 요약			400,520	695	12,536,000	
38					나들가게 요약	86,310	98	2,281,590	
41					사랑 문구 요약	47,300	52	1,247,500	
45					상열완구 요약	68,570	83	1,871,510	
50					키티완구 요약	102,980	69	1,719,430	
53					통통마트 요약	53,310	22	622,980	
57					플레이센터 요약	39,490	99	1,403,180	
61					하나로마트 요약	92,030	68	2,449,550	
62			승용완구 요약			489,990	491	11,595,740	
68					나들가게 요약	26,870	153	1,034,790	
74					사랑 문구 요약	56,440	155	2,182,740	
78					상열완구 요약	23,130	64	665,480	
83					키티완구 요약	15,450	54	249,240	
87					통통마트 요약	24,510	78	619,020	
91					플레이센터 요약	35,410	98	1,283,010	
97					하나로마트 요약	37,010	138	1,030,150	
98			신생아완구 요약			218,820	740	7,064,430	
100					나들가게 요약	24,950	35	873,250	
103					사랑 문구 요약	72,900	56	2,202,840	
108					상열완구 요약	128,830	89	3,416,320	
112					키티완구 요약	104,080	34	1,187,120	
118					통통마트 요약	128,830	144	3,400,560	
121					플레이센터 요약	40,580	40	721,580	
125					하나로마트 요약	90,250	97	2,736,320	
126			지능계발 요약			590,420	495	14,537,990	
127			총합계			1,699,750	2,421	45,734,160	
128									

01 다운로드한 예제폴더(엑셀활용)에서 CHAPTER09.xlsx를 불러온 후 [부분합] 시트를 열어줍니다.

02 부분합을 구하기 위해서 **데이터 – 정렬**을 차례대로 클릭해서 2개의 기준으로 해줘야 하는데 1순위 **분류**, 2순위 **거래처**로 정렬합니다.

03 정렬된 결과가 아래처럼 **분류**로 1차 정렬이 된 후 2차적으로 **거래처**가 가나다 순으로 오름차순으로 모여 있도록 정렬이 되었습니다. 정렬을 하게 되면 그룹화가 되는 점을 이해해야 합니다.

일자	분류	제품명	거래처	단가	수량	금액
02. 10	놀이완구	병원놀이	나들가게	21,950	42	921,900
03. 03	놀이완구	소꼽놀이	나들가게	22,050	35	771,750
03. 19	놀이완구	낚시놀이	나들가게	10,010	21	210,210
03. 22	놀이완구	운전놀이	나들가게	5,620	26	146,120
01. 06	놀이완구	병원놀이	상열완구	22		37,940
01. 20	놀이완구	낚시놀이	상열완구	10,290	11	113,190
03. 30	놀이완구	마술놀이	상열완구	24,6		814,110
01. 05	놀이완구	소꼽놀이	키티완구	24,1		966,800
01. 24	놀이완구	낚시놀이	키티완구	10,470	50	523,500
02. 20	놀이완구	낚시놀이	키티완구	9,470	26	246,220
03. 05	놀이완구	병원놀이	키티완구	21,320	46	980,720
03. 19	놀이완구	낚시놀이	키티완구	8,380	19	159,220
01. 02	놀이완구	운전놀이	통통마트	5,490	23	126,270
02. 09	놀이완구	병원놀이	통통마트	24,880	25	622,000
02. 27	놀이완구	병원놀이	통통마트	23,620	23	543,260
03. 23	놀이완구	소꼽놀이	통통마트	25,020	49	1,225,980
01. 04	놀이완구	병원놀이	플레이센터	24,040	42	1,009,680
01. 18	놀이완구	낚시놀이	플레이센터	10,650	29	308,850
01. 18	놀이완구	병원놀이	플레이센터	24,880	23	572,240
01. 27	놀이완구	낚시놀이	플레이센터	10,470	40	418,800
03. 05	놀이완구	낚시놀이	플레이센터	9,920	29	287,680
03. 20	놀이완구	마술놀이	하나로마트	25,080	27	677,160
03. 27	놀이완구	병원놀이	하나로마트	25,080	30	752,400
01. 10	승용완구	킥보드	나들가게	30,910	19	587,290
02. 04	승용완구	스프링놀이	나들가게	22,100	19	419,900

04 **데이터** 메뉴의 윤곽선 그룹에서 **부분합**을 클릭합니다.

05 그룹화할 첫 번째 항목은 **분류**로 변경한 후 부분합 계산항목은 **단가, 수량, 금액**을 선택한 후 [**확인**]을 클릭합니다.

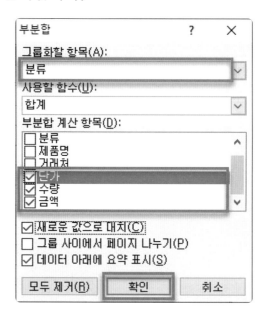

06 다시 **부분합**을 클릭해서 그룹화할 항목은 **거래처**로 변경한 후 **새로운 값으로 대치**를 반드시 **체크 해제**한 후 **확인**을 클릭합니다.

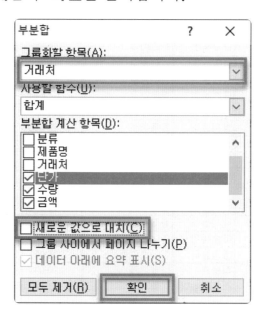

07 좌측으로 그룹의 윤곽선이 표시가 되는데 1-4단계 버튼이 있습니다. 처음에는 4단계로 모든 정보가 표시되지만 **3단계**를 클릭하면 아래와 같이 요약된 정보만을 보여주게 됩니다.

일자	분류	제품명	거래처	단가	수량	금액
		병원놀이	나들가게	21,950	42	921,900
		소꿉놀이	나들가게	22,050	35	771,750
03. 19	놀이완구	낚시놀이	나들가게	10,010	21	210,210
		전놀이	나들가게	5,620	26	146,120
			나들가게 요약	59,630	124	2,049,980
01. 06	놀이완구	병원놀이	상열완구	22,990	6	137,940
01. 20	놀이완구	낚시놀이	상열완구	10,290	11	113,190
03. 30	놀이완구	마술놀이	상열완구	24,670	33	814,110
			상열완구 요약	57,950	50	1,065,240
01. 05	놀이완구	소꿉놀이	키티완구	24,170	40	966,800
01. 24	놀이완구	낚시놀이	키티완구	10,470	50	523,500
02. 20	놀이완구	낚시놀이	키티완구	9,470	26	246,220
03. 05	놀이완구	병원놀이	키티완구	21,320	46	980,720
03. 19	놀이완구	낚시놀이	키티완구	8,380	19	159,220
			키티완구 요약	73,810	181	2,876,460
01. 02	놀이완구	운전놀이	통통마트	5,490	23	126,270
02. 09	놀이완구	병원놀이	통통마트	24,880	25	622,000
02. 27	놀이완구	병원놀이	통통마트	23,620	23	543,260
03. 23	놀이완구	소꿉놀이	통통마트	25,020	49	1,225,980

08 2단계를 누르면 분류 요약만 표시가 됩니다.

일자	분류	제품명	거래처	단가	수량	금액
	놀이완구 요약			400,520	695	12,536,000
	승용완구 요약			489,990	491	11,595,740
	신생아완구 요약			218,820	740	7,064,430
	지능계발 요약			590,420	495	14,537,990
	총합계			1,699,750	2,421	45,734,160

09 1단계를 누르면 총합계만 표시가 됩니다.

일자	분류	제품명	거래처	단가	수량	금액
	총합계			1,699,750	2,421	45,734,160

🖱 부분합 결과물 사용하기

이중으로 부분합을 구한 후 다른 시트에 사용하기 위해 복사/붙여넣기를 하면 되지만 부분합은 화면에 보이는 셀만 선택해서 복사를 해야 합니다.

01 위의 결과에서 **2단계** 버튼을 클릭해서 아래처럼 표시합니다.

02 새로운 시트를 하나 추가합니다.

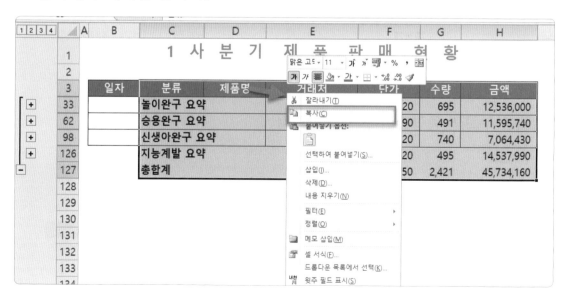

03 [부분합] 시트를 다시 클릭한 후 **C3:H127**까지 범위를 지정한 후 마우스 오른쪽 단추를 클릭해서 **복사**를 합니다.

04 새로 추가된 시트를 선택한 후 **B3**셀에 마우스 오른쪽 단추를 클릭해서 [**붙여넣기**]를 클릭합니다.

05 요약된 결과만 나오는 것이 아니라 숨어있는 행의 내용까지 모두 복사가 되었습니다. Ctrl + Z 를 눌러 **복사작업을 취소**합니다.

	A	B	C	D	E	F	G	H
1								
2								
3		분류	제품명	거래처	단가	수량	금액	
4		놀이완구	병원놀이	나들가게	21,950	42	921,900	
5		놀이완구	소꿉놀이	나들가게	22,050	35	771,750	
6		놀이완구	낚시놀이	나들가게	10,010	21	210,210	
7		놀이완구	운전놀이	나들가게	5,620	26	146,120	
8				나들가게	59,630	124	2,049,980	
9		놀이완구	병원놀이	상열완구	22,990	6	137,940	
10		놀이완구	낚시놀이	상열완구	10,290	11	113,190	
11		놀이완구	마술놀이	상열완구	24,670	33	814,110	
12				상열완구	57,950	50	1,065,240	

06 부분합 시트를 다시 선택한 후 범위를 지정한 것이 해제되었으면 다시 **C3:H127**까지 보이는 영역을 범위로 지정합니다.

	A	B	C	D	E	F	G	H
			1 사 분 기 제 품 판 매 현 황					
1								
2								
3		일자	분류	제품명	거래처	단가	수량	금액
33			놀이완구 요약			400,520	695	12,536,000
62			승용완구 요약			489,990	491	11,595,740
98			신생아완구 요약			218,820	740	7,064,430
126			지능계발 요약			590,420	495	14,537,990
127			총합계			1,699,750	2,421	45,734,160
128								

07 **홈 – 찾기 및 선택**에서 **이동 옵션**을 클릭합니다.

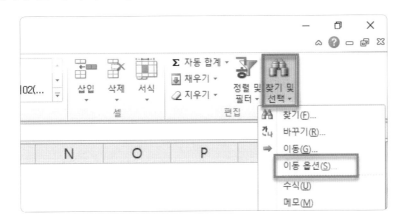

데이터 가상분석하기

08 이동 옵션 대화상자에서 **화면에 보이는 셀만**을 선택한 후 **확인**을 누르면 범위를 지정한 곳에서 화면에 보이는 셀만 선택됩니다.

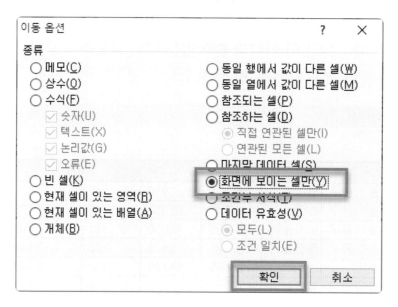

09 Ctrl + C 를 눌러서 **복사**를 하거나 마우스 오른쪽 단추를 눌러서 복사를 합니다.

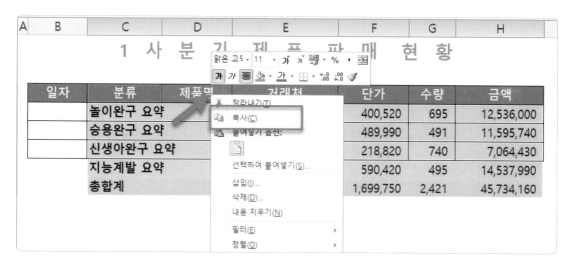

10 새롭게 추가된 시트로 이동한 후 B3셀에 마우스 오른쪽 단추를 눌러서 **붙여넣기**를 합니다.

11 화면에 보이는 셀의 내용만 복사된 결과를 아래와 같이 확인할 수 있습니다. 행/열
버튼이 숨어있어도 범위를 지정하면 숨은 행과 열도 선택이 되므로 F5 (이동)기능을
엑셀에서는 매우 중요하면서도 요긴하게 사용되는 기능입니다.

	A	B	C	D	E	F	G	H
1								
2								
3		분류	제품명	거래처	단가	수량	금액	
4		놀이완구 요약			400,520	695	12,536,000	
5		승용완구 요약			489,990	491	11,595,740	
6		신생아완구 요약			218,820	740	7,064,430	
7		지능계발 요약			590,420	495	14,537,990	
8		총합계			1,699,750	2,421	45,734,160	
9								

12 B4:B8까지 범위를 지정한 후 **찾기 및 선택 – 바꾸기**를 클릭합니다.

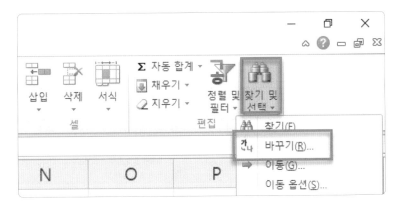

13 찾을 내용에 "**요약**"을 입력한 후 바꿀 내용에 아무것도 입력하지 않은 후 **모두 바꾸
기**를 클릭합니다.

14 시트에 **요약**이란 글자가 모두 지워져서 깔끔해집니다.

🖱 목표값 찾기

01 다운로드한 예제폴더(엑셀활용)에서 CHAPTER09.xlsx를 불러온 후 [종합검진] 시트를 선택합니다.

02 B4:H12 영역을 복사하여 [목표값] 시트의 B2셀에 **붙여넣기**를 합니다.

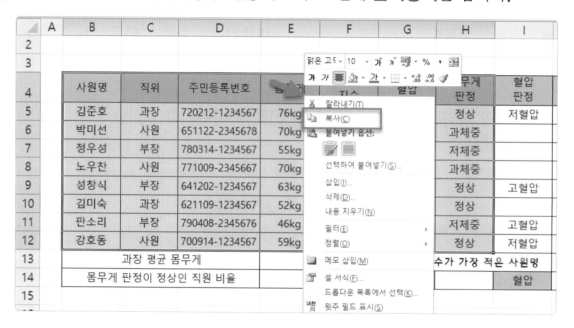

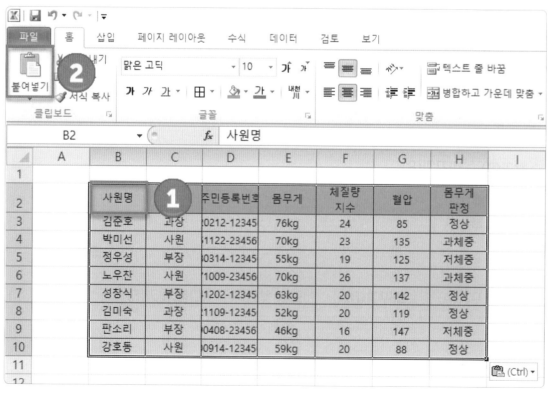

03 B11:G11 셀 병합 후 **성창식 사원의 몸무게 순위**를 입력합니다.

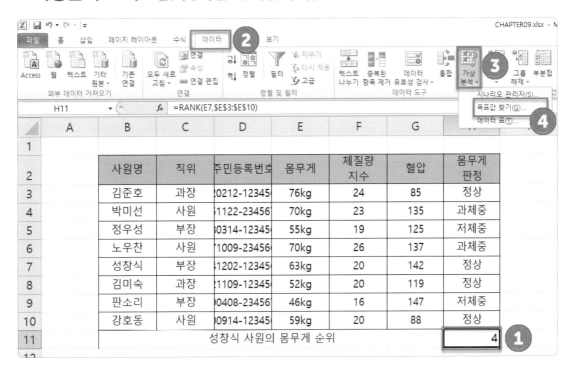

04 H11셀에 순위로 구하기 위해 **=RANK(E7,$E$3:$E$10)**를 입력합니다.

	A	B	C	D	E	F	G	H	I	J
2		사원명	직위	주민등록번호	몸무게	체질량 지수	혈압	몸무게 판정		
3		김준호	과장	20212-12345	76kg	24	85	정상		
4		박미선	사원	1122-23456	70kg	23	135	과체중		
5		정우성	부장	0314-12345	55kg	19	125	저체중		
6		노우찬	사원	1009-23456	70kg	26	137	과체중		
7		성창식	부장	1202-12345	63kg	20	142	정상		
8		김미숙	과장	1109-12345	52kg	20	119	정상		
9		판소리	부장	0408-23456	46kg	16	147	저체중		
10		강호동	사원	0914-12345	59kg	20	88	정상		
11		성창식 사원의 몸무게 순위						=RANK(E7,$E$3:$E$10)		

05 몸무게 순위가 2가 되려면 몸무게가 얼마가 되어야 하는지를 구하기 위해서 **데이터 – 가상분석 – 목표값 찾기**를 선택합니다.

	A	B	C	D	E	F	G	
2		사원명	직위	주민등록번호	몸무게	체질량 지수	혈압	몸무게 판정
3		김준호	과장	20212-12345	76kg	24	85	정상
4		박미선	사원	1122-23456	70kg	23	135	과체중
5		정우성	부장	0314-12345	55kg	19	125	저체중
6		노우찬	사원	1009-23456	70kg	26	137	과체중
7		성창식	부장	1202-12345	63kg	20	142	정상
8		김미숙	과장	1109-12345	52kg	20	119	정상
9		판소리	부장	0408-23456	46kg	16	147	저체중
10		강호동	사원	0914-12345	59kg	20	88	정상
11		성창식 사원의 몸무게 순위						4

06 목표값 찾기 대화상자에서 수식 셀은 H11, 찾는 값은 2, 값을 바꿀 셀은 $E$7을 선택한 후 **확인**을 클릭합니다.

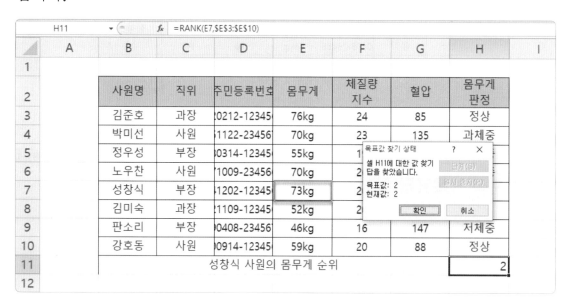

수식셀 : H11, 찾는 값 : 2 , 값을 바꿀 셀 : $E$7을 입력합니다.

07 몸무게 순위가 2위가 되기 위해선 '성창식의 몸무게'가 73kg가 되어야 한다고 표시됩니다.

🖱 시나리오 만들기

총 수입의 증가와 감소에 따라 총이익이 예측값의 결과를 구해보도록 하겠습니다.

01 [시나리오1] 시트를 선택한 후 총 수입이 적혀진 C2셀을 선택한 후 셀의 이름을 "**총 수입**"이라고 정의한 후 C3셀의 이름은 "**총지출**"로 C4셀은 "**총이익**"으로 이름을 정 의합니다.

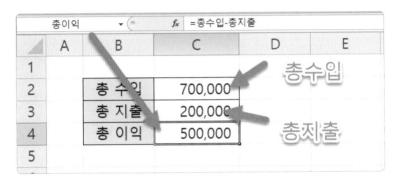

02 C4셀에 **=총수입-총지출** 을 입력합니다.

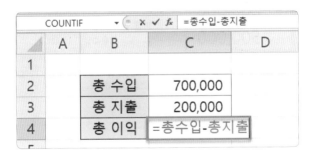

03 C4셀에 클릭한 후 **데이터 – 가상분석 – 시나리오 관리자**를 선택해서 대화상자가 화면에 나오면 **추가**를 클릭합니다.

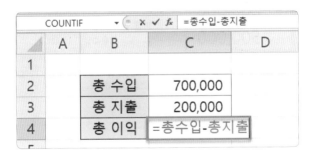

04 시나리오 추가 대화상자에서 **시나리오 이름**에 수입증가를 입력한 후 **변경 셀** 칸을 클릭한 후 **$C$2**를 선택하고 **확인**을 클릭합니다.

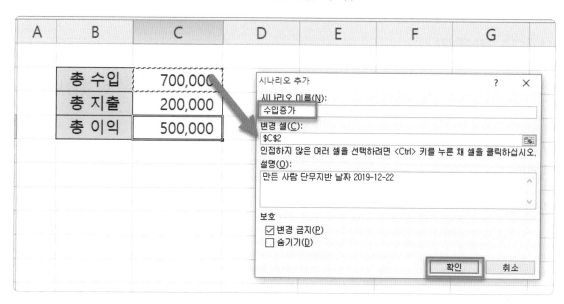

05 **총수입** 칸에 1000000을 입력한 후 **추가**를 클릭합니다.

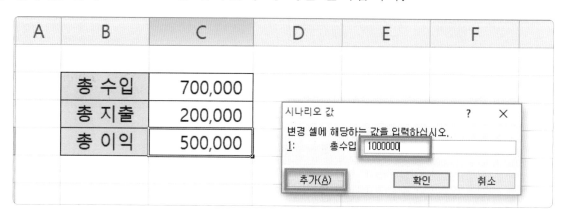

06 시나리오 이름에 수입감소를 입력한 후 변경 셀에 클릭한 후 **$C$2**를 선택하고 **확인**을 클릭합니다.

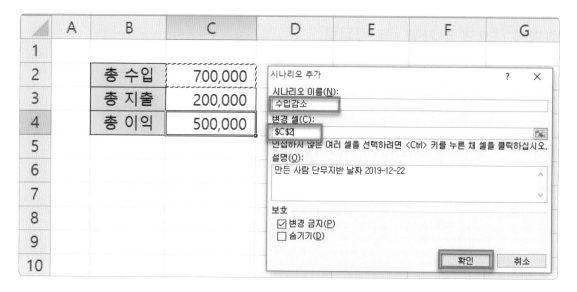

07 **총수입** 칸에 500000을 입력한 후 **확인**을 클릭합니다.

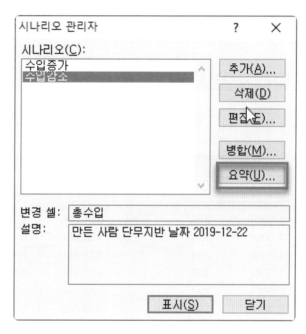

08 시나리오로 작업할 사항이 없으면 [**요약**]을 클릭합니다.

09 **결과 셀** 칸에 C4셀을 클릭한 후 **확인**을 클릭합니다.

10 총수입의 수입증가와 수입감소에 대한 총이익의 변동값을 확인할 수 있습니다.

시나리오 요약

		현재 값:	수입증가	수입감소
변경 셀:				
	총수입	700,000	1,000,000	500,000
결과 셀:				
	총이익	500,000	800,000	300,000

참고: 현재 값 열은 시나리오 요약 보고서가 작성될 때의 변경 셀 값을 나타냅니다. 각 시나리오의 변경 셀들은 회색으로 표시됩니다.

🖱 혼자 해 보기 : [시나리오2] 시트

	번호	물품명	단가	매출수량	반품수량	매출액	수익율	순수매출액
				연 간 매 출 액				
5	2657	A	2,600	240	19	624,000	92%	574,600
6	4284	B	3,500	154	31	539,000	80%	430,500
7	3541	C	4,200	209	22	877,800	89%	785,400
8	2875	D	1,800	452	26	813,600	94%	766,800
9	3016	E	2,200	321	13	706,200	96%	677,600
10	4250	F	5,400	120	48	648,000	60%	388,800
11	2586	G	2,800	410	35	1,148,000	91%	1,050,000
12	1462	H	3,600	215	106	774,000	51%	392,400
13	2253	I	4,500	325	87	1,462,500	73%	1,071,000
14	2028	J	3,200	248	74	793,600	70%	556,800
15							매출액합계	6,693,900

물품명 A, B의 반품수량(E5:E6)이 다음과 같이 변동하는 경우 수익률(G5:G6)과 매출액 합계(H15)가 어떻게 변동되는지 시나리오를 만들어보세요.

● 시나리오1 : **'수익율증가'**, 물품 'A','B'의 반품수량에서 각 10개씩 감소한 값을 설정
● 시나리오2 : **'수익율감소'**, 물품 'A','B'의 반품수량에서 각 10개씩 증가한 값을 설정

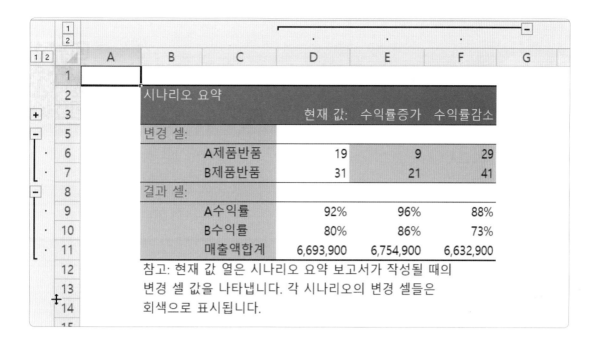

			현재 값:	수익률증가	수익률감소
시나리오 요약					
변경 셀:					
	A제품반품		19	9	29
	B제품반품		31	21	41
결과 셀:					
	A수익률		92%	96%	88%
	B수익률		80%	86%	73%
	매출액합계		6,693,900	6,754,900	6,632,900

참고: 현재 값 열은 시나리오 요약 보고서가 작성될 때의
변경 셀 값을 나타냅니다. 각 시나리오의 변경 셀들은
회색으로 표시됩니다.

🖱 혼자 해 보기 : [시나리오3] 시트

연이율(C5)이 다음과 같이 변동하는 경우 만기금액(C7)의 변동 시나리오를 만들어보세요

- 시나리오1 : '**연이율감소**', 연이율 10%로 설정
- 시나리오2 : '**연이율증가**', 연이율 11.5%로 설정

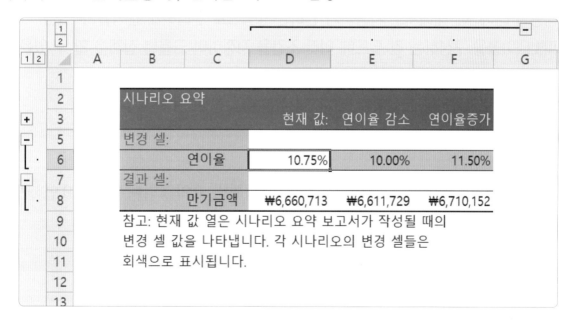

		현재 값:	연이율 감소	연이율증가
시나리오 요약				
변경 셀:				
	연이율	10.75%	10.00%	11.50%
결과 셀:				
	만기금액	₩6,660,713	₩6,611,729	₩6,710,152

참고: 현재 값 열은 시나리오 요약 보고서가 작성될 때의
변경 셀 값을 나타냅니다. 각 시나리오의 변경 셀들은
회색으로 표시됩니다.

CHAPTER **10-1**   피벗테이블 보고서   ▶▶▶

🖱 피벗테이블 만들기

피벗테이블을 사용하는 이유

▶ 기초데이터(RAW DATA)를 구성하고 있는 항목의 위치를 조합하여 다양한 집계표 구성할 수 있음

▶ 대량의 데이터에 대해서도 사용자가 원하는 방법으로 편리하게 분석할 수 있음

▶ 피벗테이블을 구성하는 각 필드에 여러 조건을 지정하여 그룹별 집계를 할 수 있음

▶ 피벗테이블의 특정항목을 기준으로 필터링하거나 정렬할 수 있음

▶ 사용자가 보기옵션을 조정하여 데이터의 수준을 확장 또는 축소할 수 있음

관계형 데이터베이스로 입력된 데이터를 아래 그림처럼 요약정리해서 일목요연하게 보여주는 작업이 피벗테이블입니다.

	A	B	C	D	E	F
1						
2						
3	합계 : 매출	열 레이블 ⬇				
4	행 레이블 ⬇	부장	과장	대리	사원	총합계
5	농구화		259,000	93,000	211,000	563,000
6	등산화	256,000	267,000	233,000	650,000	1,406,000
7	런닝화	270,000		219,000	174,000	663,000
8	워킹화	189,000	318,000	540,000	349,000	1,396,000
9	**총합계**	**715,000**	**844,000**	**1,085,000**	**1,384,000**	**4,028,000**
10						

01 다운로드한 예제폴더(엑셀활용)에서 CHAPTER10.xlsx를 불러온 후 [데이터] 시트를 선택합니다.

02 A1셀을 선택한 후 **삽입 – 피벗테이블**을 차례대로 클릭합니다.

03 **피벗 테이블 만들기** 대화상자에서 **표 또는 범위 선택**에 입력된 데이터의 전체 범위가 설정되어 있습니다. [확인]을 클릭합니다.

04 보고서에 추가할 필드 선택의 항목 중에서 **품목** 필드는 **행 레이블** 영역으로 드래그하고, **직위** 필드는 **열 레이블** 영역으로 드래그한 후 **매출**을 **값**영역으로 드래그합니다.

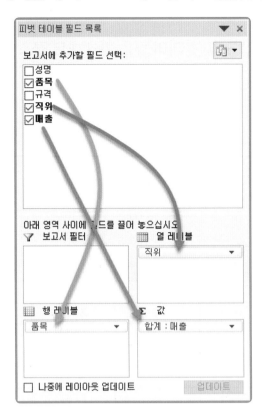

05 나머지 천단위마다 콤마를 넣기 위해서 **숫자에 범위 설정** 후 홈 메뉴에서 **콤마 서식**을 지정합니다.

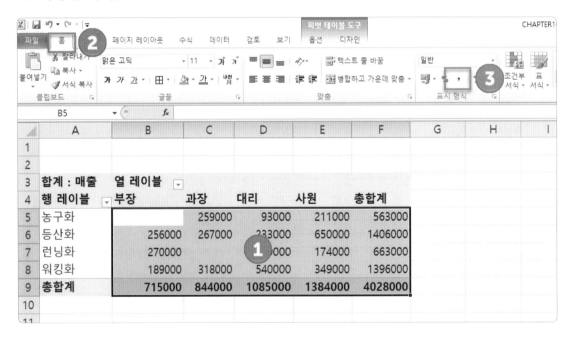

🖱 날짜를 그룹으로 작업하기

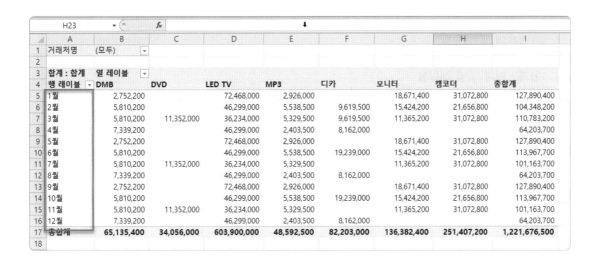

행 레이블	DMB	DVD	LED TV	MP3	디카	모니터	캠코더	총합계
1월	2,752,200		72,468,000	2,926,000		18,671,400	31,072,800	127,890,400
2월	5,810,200		46,299,000	5,538,500	9,619,500	15,424,200	21,656,800	104,348,200
3월	5,810,200	11,352,000	36,234,000	5,329,500	9,619,500	11,365,200	31,072,800	110,783,200
4월	7,339,200		46,299,000	2,403,500	8,162,000			64,203,700
5월	2,752,200		72,468,000	2,926,000		18,671,400	31,072,800	127,890,400
6월	5,810,200		46,299,000	5,538,500	19,239,000	15,424,200	21,656,800	113,967,700
7월	5,810,200	11,352,000	36,234,000	5,329,500		11,365,200	31,072,800	101,163,700
8월	7,339,200		46,299,000	2,403,500	8,162,000			64,203,700
9월	2,752,200		72,468,000	2,926,000		18,671,400	31,072,800	127,890,400
10월	5,810,200		46,299,000	5,538,500	19,239,000	15,424,200	21,656,800	113,967,700
11월	5,810,200	11,352,000	36,234,000	5,329,500		11,365,200	31,072,800	101,163,700
12월	7,339,200		46,299,000	2,403,500	8,162,000			64,203,700
총합계	65,135,400	34,056,000	603,900,000	48,592,500	82,203,000	136,382,400	251,407,200	1,221,676,500

01 [거래처] 시트의 판매현황의 데이터를 이용하여 아래와 같은 피벗테이블 작업을 해 보세요.

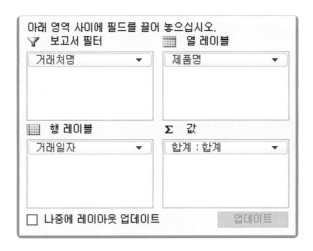

02 거래일자에 마우스 오른쪽 단추를 눌러서 **그룹**을 클릭합니다.

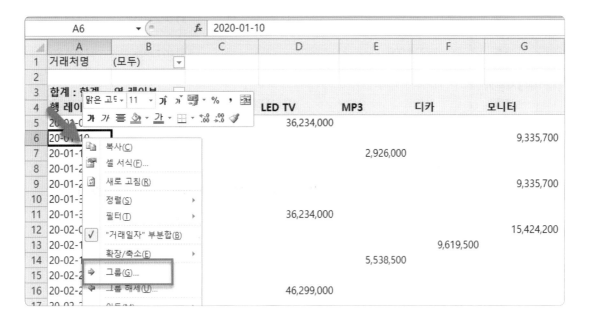

03 그룹화 대화상자에서 단위는 **월**을 선택한 후 **확인**을 클릭합니다.

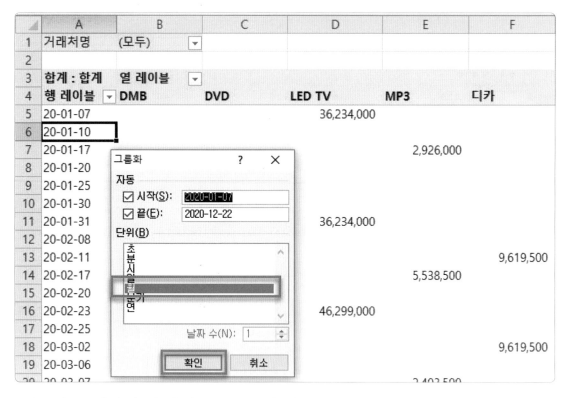

1월부터 12월까지 월 단위로 그룹화된 것을 확인할 수 있습니다.

04 아래와 같이 판매현황의 데이터를 이용하여 행 레이블의 그룹을 **분기**로 추가한 후 보고서 필터는 **경남전자**로 필터링해보세요.

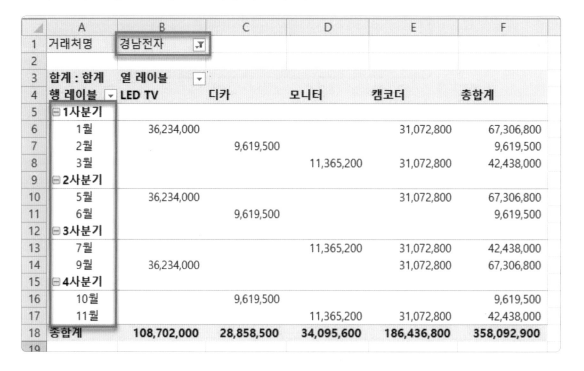

혼자 해 보기

01 [**부서별경비**] 시트의 데이터를 이용하여 아래와 같은 피벗테이블 작업을 해보세요.

계정항목	회식비					
합계 : 지출비용	열 레이블					
행 레이블	1월	2월	3월	5월	6월	총합계
영업부				125,000		125,000
영업지원팀	100,000	120,000				220,000
인력관리팀			250,000		240,000	490,000
총무부		250,000		120,000	120,000	490,000
총합계	100,000	370,000	250,000	245,000	360,000	1,325,000

02 [**부서별경비**] 시트의 데이터를 이용하여 아래와 같은 피벗테이블 작업을 해보세요.

계정항목	(모두)					
합계 : 지출비용	열 레이블					
행 레이블	영업부	영업지원팀	인력관리팀	자재부	총무부	총합계
⊟1사분기						
1월	675,000	333,200	85,400	50,000	60,400	1,204,000
2월	45,000	670,000	650,000		309,000	1,674,000
3월	533,500	46,000	250,000		44,300	873,800
⊟2사분기						
4월	169,000	3,000,000	78,000		174,000	3,421,000
5월	125,000	1,425,000	318,000	12,000	770,000	2,650,000
6월	3,901,000	192,900	296,000	145,000	882,000	5,416,900
총합계	5,448,500	5,667,100	1,677,400	207,000	2,239,700	15,239,700

03 [**부서별경비**] 시트의 데이터를 이용하여 아래와 같은 피벗테이블 작업을 해보세요.

부서	영업부						
합계 : 지출비용	열 레이블						
행 레이블	교육훈련비	기타경비	소모품비	접대비	통신비	회식비	총합계
⊟2020년							
1사분기		337,600	83,400	832,500			1,253,500
2사분기	2,137,000	77,000	26,000	1,300,000	530,000	125,000	4,195,000
총합계	2,137,000	414,600	109,400	2,132,500	530,000	125,000	5,448,500

🖱 피벗테이블 레이아웃 변경하기

01 [거래처] 시트 앞에 생성된 피벗테이블 시트를 선택한 후 그룹을 **분기**와 **월**로 변경합니다.

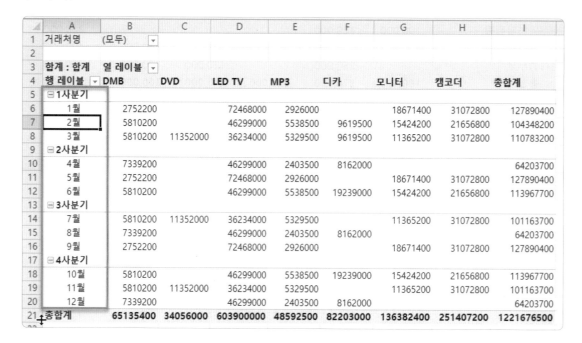

02 피벗테이블의 레이아웃을 조절하기 위해 **디자인** 메뉴를 클릭한 후 **총합계 – 열의 총합계만 설정**을 눌러줍니다.

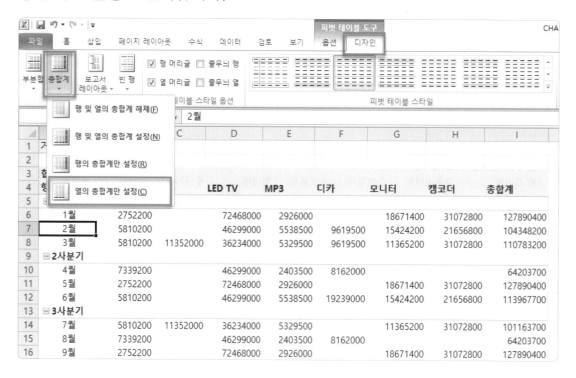

03 행에 관해서만 총합계가 나오고 열에는 총합계가 나오지 않습니다.

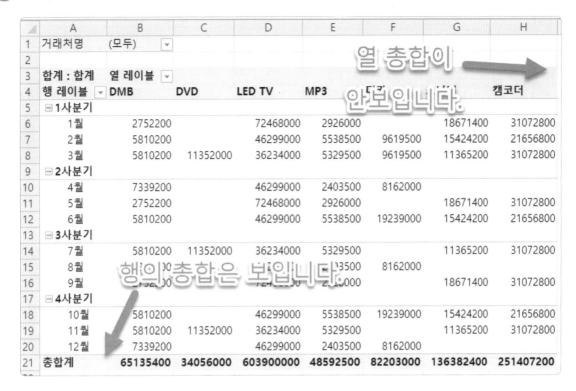

04 보고서 레이아웃에서 테이블 형식으로 표시를 선택해서 결과화면을 위 결과와 비교해 봅니다.

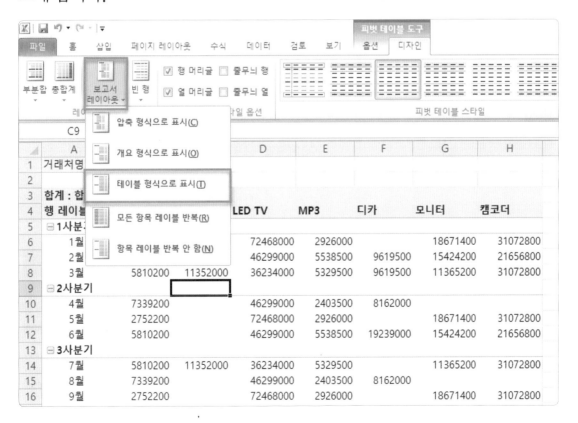

05 부분합을 클릭한 후 **그룹 하단에 모든 부분합을 표시**하면 아래와 같이 표시가 됩니다.

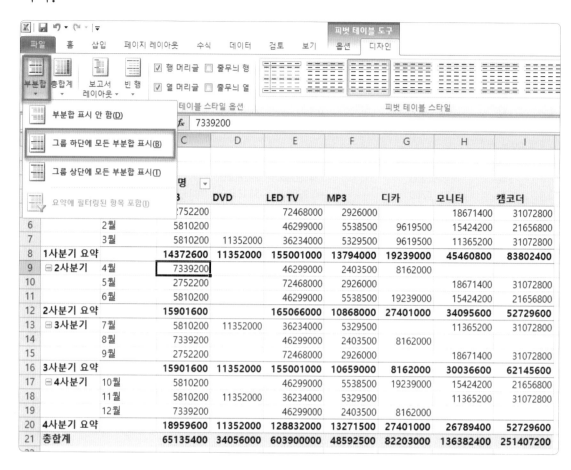

06 피벗 테이블 스타일에서 **피벗스타일 보통11**을 선택해줍니다.

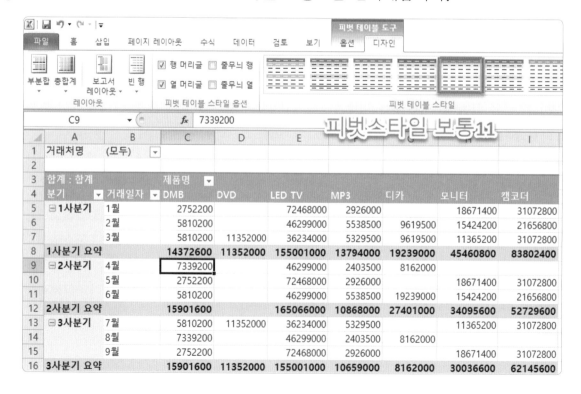

01 앞 과정 피벗테이블 선택한 후 **부분합 표시 안함**을 선택합니다.

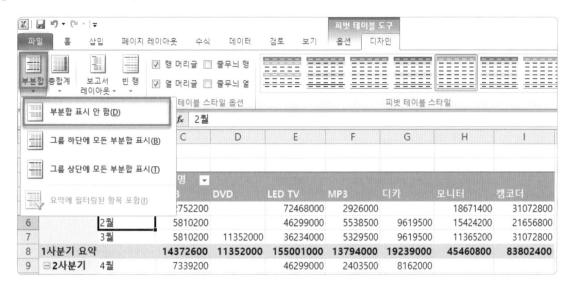

02 **피벗 테이블 도구** 정황탭에서 **옵션** 메뉴를 클릭한 후 도구 그룹의 **피벗차트**를 클릭합니다.

03 차트 삽입 도구상자에서 **3차원 묶은 세로막대형**을 선택하겠습니다.

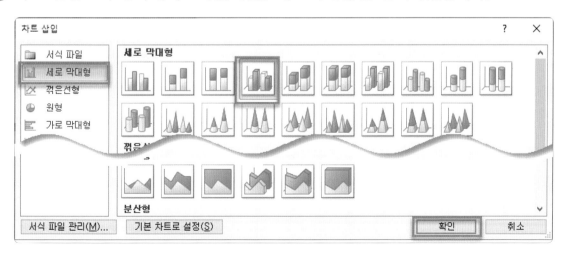

04 피벗 차트가 만들어지면 곧바로 도구모음에서 **차트이동위치**를 클릭합니다.

05 차트를 이동할 위치를 선택하는 대화상자가 나오면 **새 시트**로 이동합니다.

06 아래와 같이 Chart1 시트에 피벗차트가 이동되어 나타납니다. 각 항목을 필터링을
할 수 있는 피벗차트입니다.

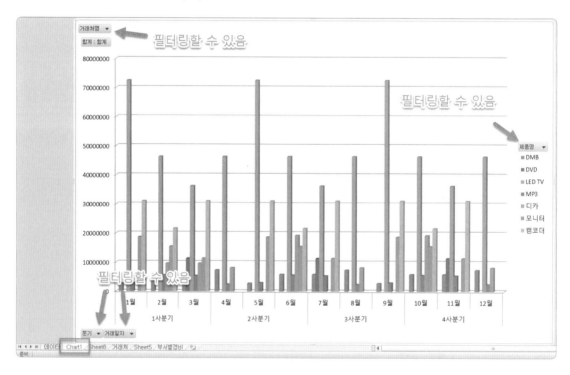

07 피벗 차트 필터 창에서 원하는 형태대로 차트를 선택해서 만들 수가 있습니다. 분기를 1분기만 보이도록 설정합니다.

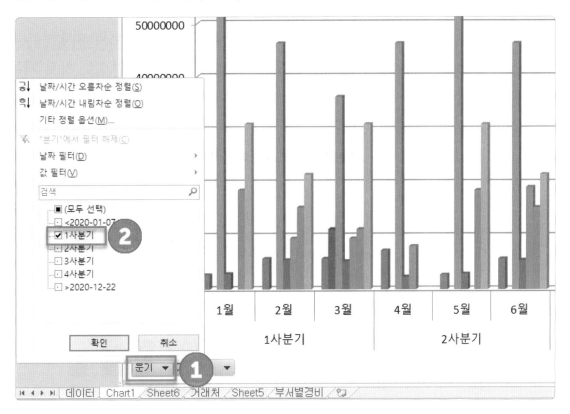

08 1사분기 피벗차트를 나타낸 결과입니다. 사용자가 원하는 값으로 필터링을 할 수 있으며 보고싶은 필드(계열)을 선택할 수 있습니다.

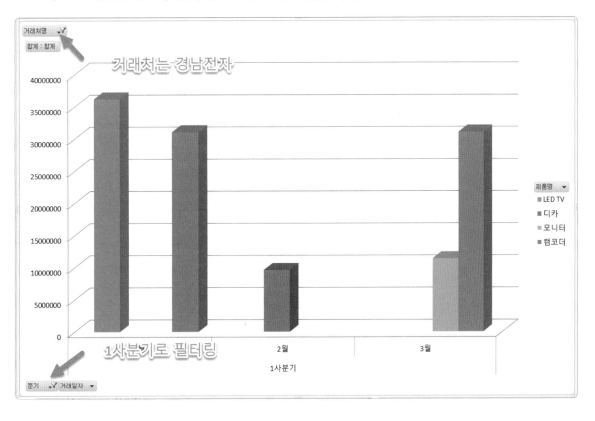

막대와 꺾은선이 혼합된 콤보 차트를 작성하되, 판매금액을 보조 축으로 지정하는 피벗차트를 작성합니다.(차트 레이아웃 : '레이아웃 3', 차트 스타일 : '스타일 17', 차트 제목 : '상품별 납품량과 판매금액')

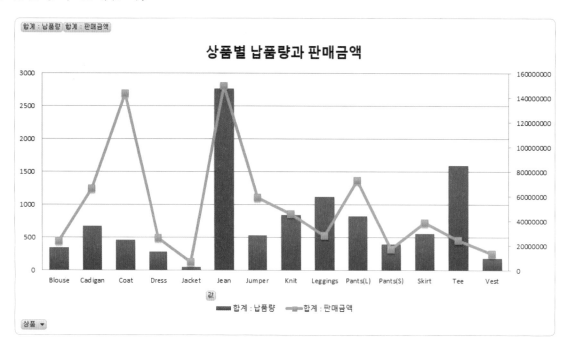

01 [쇼핑몰현황] 시트를 선택한 후 아래와 같이 피벗테이블을 작성합니다.(행 레이블: 업체, 값 : 납품량과 판매금액)

행 레이블 ▼	합계 : 납품량	합계 : 판매금액
Blouse	347	23596000
Cadigan	673	65954000
Coat	466	143528000
Dress	283	26036000
Jacket	50	6750000
Jean	2770	149580000
Jumper	537	59070000
Knit	845	45630000
Leggings	1123	28075000
Pants(L)	828	72864000
Pants(S)	397	17071000
Skirt	561	38709000
Tee	1599	23985000
Vest	183	13176000
총합계	10662	714024000

02 피벗 테이블 도구 – 옵션 – 피벗차트 버튼을 클릭한다.

03 묶은 세로막대형을 선택한 후 확인을 클릭합니다.

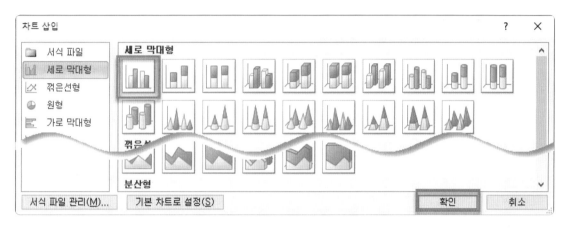

04 레이아웃 – 레이아웃 3을 선택하고 스타일 그룹에서 스타일17을 선택합니다.

05 차트 제목을 상품별 납품량과 판매금액 이라고 입력한 후 차트 크기를 조절하고 적당한 위치에 배치해 줍니다.

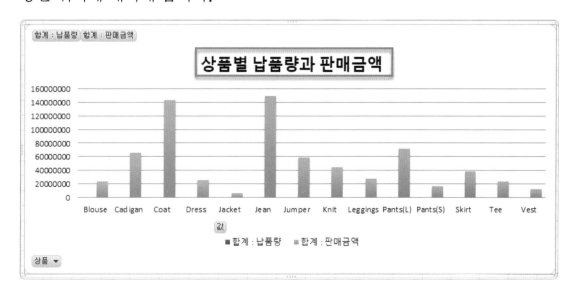

06 판매금액을 꺾은선 보조축으로 사용하기 위해 **레이아웃 – 차트영역 – 계열 "합계: 판매금액"**을 차례대로 클릭합니다.

07 선택된 계열에 마우스 오른쪽단추를 클릭한 후 **계열 차트 종류 변경**을 클릭합니다.

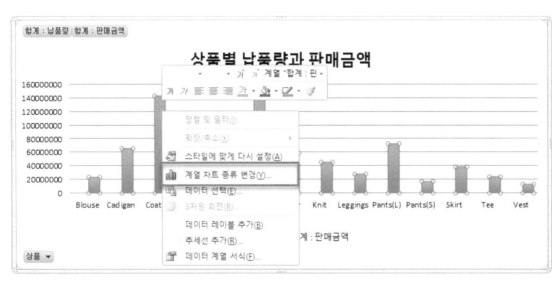

08 표식이 있는 꺾은선형을 선택한 후 **확인**을 클릭합니다.

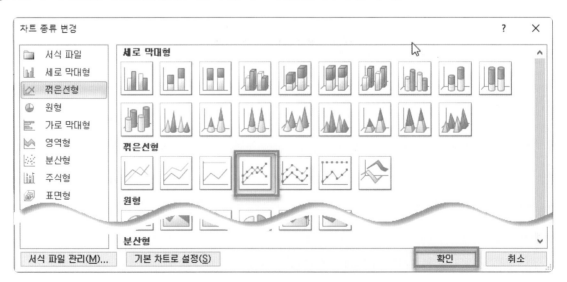

09 꺾은선형에 마우스 오른쪽 단추를 클릭해서 **데이터 계열 서식**을 선택합니다.

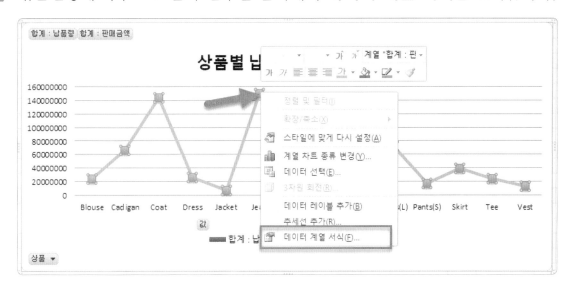

10 계열 옵션에서 **보조 축**을 선택하면 오른쪽으로 보조축이 생깁니다.

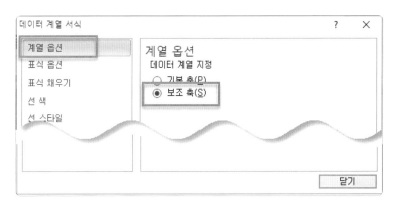

11 왼쪽창에서 **선 색**을 선택한 후 **실선**을 클릭하고 색은 **오렌지색**을 선택한 후 **닫기**를 클릭합니다.

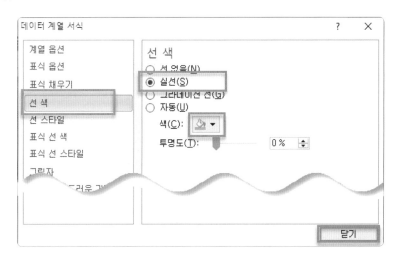

12 차트를 아래처럼 아래로 늘려주면 완성이 됩니다.

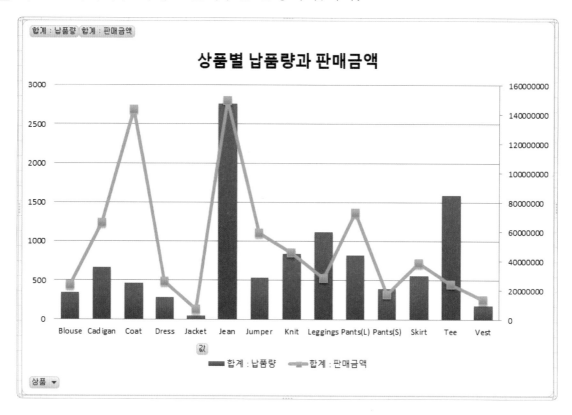

13 상품을 Blouse, Cadigan, Coat, Dress. Jacket, Jean, Jumper, Knit만 피벗 차트로 나타내봅니다.

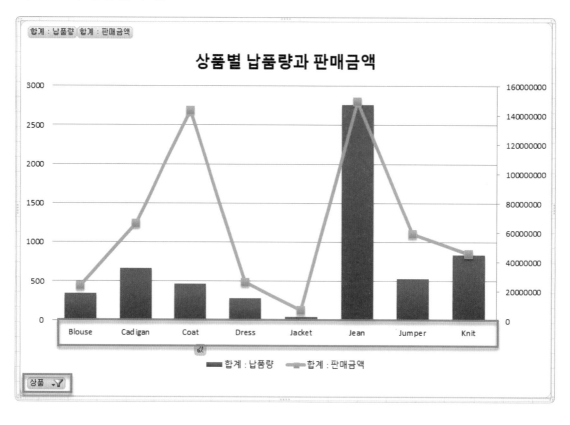

14 피벗테이블의 자료를 범위지정한 후 천단위마다 콤마를 적용해 주면 오른쪽 피벗차
트도 축에 적용된 것을 확인할 수 있습니다.

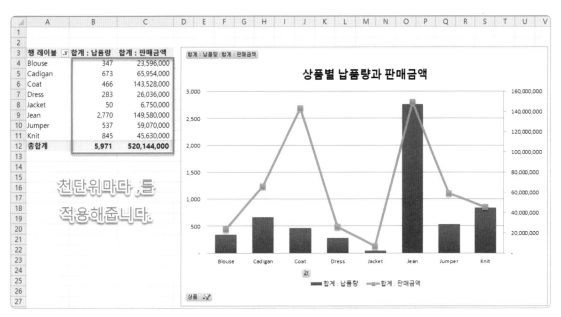

15 아래처럼 좌, 우축의 위치를 바꿔보도록 하는데 오른쪽 피벗테이블 필드목록의 순서
를 변경하면 됩니다.

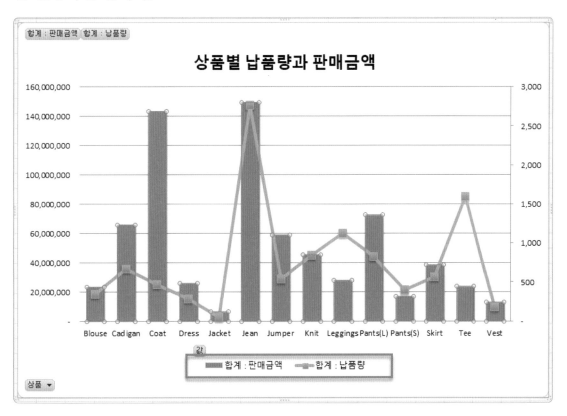